# 价值的理由

陈嘉映 著

上海文艺出版社

# 新版前言

《价值的理由》脱销已久,现在由上海文艺出版社再版。

书里不少文章的内容后来纳入了《何为良好生活》,有些文章发表时又因字数限制等原因有所删节,本想在再版前做一番整理,把该删的删掉,该补的补上,争奈一直在做这个那个,结果,只在《救黑熊重要吗?》《哲人不王》两篇文章上有所调整。

感谢上海文艺出版社和肖海鸥重版此书。

陈嘉映

2020 年 12 月 25 日

# 2012 年版前言

2010 年夏天，应徐晓之邀，为《新世纪》写一年专栏。不久前，徐晓建议把这十二篇文章结集出书，是为本书第一辑。其中多数文章，成稿时都比发表时长不少，由于专栏字数所限，在发表前删削而成。原打算结集时把删削的文字拣一些回来，但手头正在做别的事情，来不及做，于是就照发表时的模样入集了。

这几年另有一些零星的文章，一并发给徐晓。她除去几篇，把剩下的编为第二辑。

我偶尔也接受采访，徐晓从采访稿中选了两篇，连同一些演讲和序之类的文章收为第三辑。徐晓女士为本书的出版做了大量工作，特别感谢。本书所收论文的写作承教育部人文社会科学重点研究基地 2006 年度重点项目"20 世纪中国伦理学：问题与思考"及中国现代思想文化研究所资助，特表感谢。

老友赵越胜读了清样，写下几句话，是知我者言，抄在这里：

别害怕"哲学"。《世说》载阮光禄云："吾有车而使人不敢借，何以车为？"遂焚之。哲学亦如车，乃手边用器，这个"用"就是讲道理。一个时代，一种制度，或见"不讲理"，但生而为人，却永远离不开"讲道理"。套用《世说》的话,为人而不讲理,何以人为?嘉映爱"讲理",乍看有点儿"绕",但读进去便知全是日常道理,只是日常看不见它,哲学来帮忙,便有了《价值的理由》。嘉映思得深,讲得巧,短章中能见出他几十年的殚思竭虑。真希望读者不同意他,和他"讲道理",讲来道去,就涵养出智慧与自由的心灵。那儿才是我们该待的地方。

# 目录

## 辑一

| | |
|---|---|
| 救黑熊重要吗？ | 003 |
| 跳水救人时想什么了？ | 011 |
| 哲人不王 | 019 |
| 人是自私的吗？ | 027 |
| 人之为观念动物 | 035 |
| 事实与价值 | 043 |
| 事实的说话方式 | 051 |
| 说理之为教化 | 059 |
| 说与写 | 067 |
| 民主作为"价值" | 075 |
| 哲学何为 | 083 |
| 我们这一代 | 091 |

## 辑二

| | |
|---|---|
| 快乐三题 | 101 |
| 快乐四论 | 111 |
| 我们身上的感应思维 | 123 |
| 在后现代思想 | 127 |
| 普世宗教与特殊宗教 | 133 |
| 近代科学是如何兴起的 | 141 |

## 辑三

| | |
|---|---|
| 东西文化思想源流的若干差异 | 153 |
| 欲展清商曲，念子不能归！ | 175 |
| 服从自己还是服从真实？ | 179 |
| 两位哲人的对话 | 183 |
| 哲学家与隐居生活 | 189 |
| 信仰是与生活方式联系在一起的 | 207 |

# 辑

## 一

　　哲学探究事物之所以如此的道理，尝试贯通这些道理，一开始就不是出于纯粹求知的冲动，而是通过求知领会人生的意义，解答"什么生活是良好的生活"。哲学思辨上穷碧落下黄泉，却始终维系于苏格拉底为哲学提出的核心任务：认识你自己。

# 救黑熊重要吗?

## 我做的事情重要吗?

一次,跟几个救助黑熊的朋友聊天。他们说起常听到的一个质疑:你们为什么花那么大力气去救助黑熊?你们为什么不去救助失学儿童——人更重要还是熊更重要?听到这样的质问,朋友们有点儿困惑——是啊,为什么?难道儿童失学不比黑熊受苦更要紧吗?救助黑熊是不是有点儿中产阶级的矫情?事实上,我不止一次听人这样评论动物保护人士、四合院保护人士。

我不是特别肯定,救助失学儿童一定比救助黑熊重要,但我这种看法说来话长,放过不表。就算救助失学儿童更重要,似乎还有些事情比儿童失学更更重要。孟加拉的孩子饿得奄奄一息,索马里的孩子在军阀混战中死于流弹,孟加拉和索马里太远,我们也许爱莫能助,但有很多很多事情我们可以伸以援手——艾滋病村里的孩子不仅失学,还面临生命危险。那里的成年人也在等待救助。流浪汉无家可归缺衣少食,被拐卖的孩子沿街乞讨还受到帮主虐待,为自己的最低权利抗争的百姓被投入牢房。如果可以问救助黑熊的人士为什么不去救助失学儿童,能不能问救助失学儿童的人士为什么不去救助艾滋病患者呢？

当然，如果连救助失学儿童的人士都该受质问，天下人谁还不该受质问？索马里的孩子在受难，这个法国人却跑到北京来为四合院奔忙；艾滋病人在受苦、在死去，有人却还在书房里写研究红楼梦的论文，有人在反复训练以把百米成绩提高 0.01 秒，甚至还有人在花前柳下谈恋爱，在音乐厅听歌剧，在饭馆里嘻嘻哈哈喝酒。环境保护，动物救助，失学儿童资助，这些活动，我自己东一点儿西一点儿参与过，可我大半时候在写论文，带孩子，时不时到饭馆里跟朋友喝酒。

我们问救助黑熊的人士而不问在饭馆喝酒的人为什么不去救助失学儿童，也许是因为救助动物和救助失学儿童这两件事离得比较近，这两种人都在做好事，有可比性，在饭馆喝酒的人已经无可救药了，懒得去质问他。可是，问题还是摆在那儿：音乐厅里的听众为什么不去救助失学儿童？我在饭馆喝酒的时候，可曾想到艾滋病人在受苦、在死去？我写论文的时候可曾考虑过，世上有比写论文更重要的事情？

## 我跟我周边的人与事融合为难解难分的命运

一起聊天的朋友中，有一位本来不知道黑熊胆汁的营生。有一天她去会两个朋友，他们正要到一个黑熊养殖场去，试图说服老板不要再做从黑熊活体抽取熊胆汁的营生。她跟着去了，第一次看到黑熊的悲惨境遇。这个养殖场养着上百头黑熊，它们被一头头分别关在自己的囚牢里。囚牢用水泥砌成，装着厚厚的铁栅门，囚牢很小，黑熊在里面几乎不能转身。这些黑熊每天被抽取一次胆汁——把导管插入熊胆，胆汁顺导管流出。黑熊各个可怜无助，有些在插入导管的操作过程中伤口感染，痛苦异常，有些奄奄一息。这位朋友初次见到这个场面，深受震动。她从前从来没有想过黑熊，可从那天开始，她投入了救助黑熊的活动。

把这位朋友牵入动物保护的是一次偶然的机会，而不是对世上林林总总事业的全盘衡量比较。回顾我们行来之路，哪件事情没有几分偶然？你大学进了化学专业，因为你中学第一次知识竞赛化学卷拿了满分；她后来研究宋词，因为教语文的中学老师长得又帅又特别喜欢讲李清照；并不是，至少主要并不是，化学比物理学更重要，宋词比《离骚》重要。我们是些偶然在此的生物，作为偶然在此的生物爱上这个，做起了那个。

百八十年来，"选择"一直是个时髦的词儿。婚姻自由允许我们选择老婆或老公，自由报考允许我们选择上哪所大学，自由迁徙允许我们选择到上海工作或者到兰州工作。当然，选择差不多总是双向的。我成绩平平，我倒想报考北大清华，人家不选择我。不过，我这里要说的不是对选择的这类限制，而是要说，即使在我的选择中，也有我的不选择。救助黑熊是我自己的选择，没谁强迫我去，然而，我为什么不选择救助艾滋病人？当然不是因为艾滋病人不如黑熊重要。我被牵进了救助黑熊的活动，我被带到了黑熊养殖场，我看到也感到黑熊可怜，我的好朋友在做这件事，就这样，我被牵进了这个活动。我们并非既站在事外又站在自己之外，一方面计算自己的种种条件，一方面计算候选之事的种种利弊，然后做出理性的决定。我也许可以这样刻画我买股票时的情形，这样刻画我在婚姻介绍所挑肥拣瘦的情形，但有血有肉的生活不是这样。

不时有年轻人问我：天下学说林立，哪些是最重要的学说？我该选择研究哪种学说？尚未入门，或有此一问，独上高楼望尽天涯路；待你入学渐深，这个问题就越来越不相干，你不再是做你选择做的，而是它不由分说地卷着你去做。在婚姻介绍所里，你东张西望挑挑拣拣，找一个你的条件够得上的最佳候选人，这时候，婚姻生活还没有开始。你们结婚十年，对方的优点、缺点、相貌、性情，一切都不再是你站在对面权衡评价的东西，它们成为你自己的一部分，你欢喜、埋怨、珍惜。生活深处，世界不是分成你和你要选择的东西，你跟你周边的人与事融合为难解难分的命运。如果只关心选择，不妨说，随着生命的深入，一个人的选择余地越来越小，然而，生命不是一道关于选择数目的数学题。布里丹的驴子总保留着选择的权利，结果饿死了。与命运为侣一道浮沉就好些吗？我觉得比总站在外面好些，虽然命运本身不是什么甜美的东西。

我们可以把世上所有的事情都放到对面，然后按重要性加以排列。在这个表格里，救助艾滋病人也许比救助濒危动物要紧，救助濒危动物比在饭馆喝酒要紧。我们该请哪位理论家来做这个"价值排序"游戏呢？好，擘画天下的理论家为我们排出了次序。我们该按照这个次序先做最重要的事情，做好之后再做次重要的事情？大家都先来救助艾滋病人，然后再考虑黑熊？大家都来解决无房户问题，等天下寒士都有了地方住，再来建歌剧院？谁会依照这个影子次序生活？如果一个社会里，人人都按照一套固定的价值排序来生活，人人都争做影子次序里最重要的事情，在尚有孩子失学之前就无人去救助黑熊，那会是一个多么让人丧气的社会。

## 有些事情只可感召无可谴责

保护黑熊要紧还是救助失学儿童要紧？保障房要紧还是歌剧院要紧？这些问题当然会成为问题。它们总是在特定环境下成为问题。因此，答案不会注定是：在尚有孩子失学之前先不管黑熊，在尚有无房户之前就不建歌剧院。反正不要以为，不建剧院，天下寒士就会有房安居。实情倒是，那些没有剧院的社会，往往更多的人没有自己的居所。

一个决定去做一年志愿者的青年，也许正在考虑他去做动物救助还是失学儿童救助，一个企业家也许正在考虑把一笔善款捐给动物保护组织还是捐给希望小学，对他们来说，这些是真实的问题。它们是真实的问题，因为它们是我们自问的问题，而不是别人加到我们头上的问题。若他饫甘餍肥，既不关心动物保护，也没打算去帮助失学儿童，他只是质问你为什么不去救助失学儿童而去救助濒危物种，他提出这么个问题是啥意思呢？我的确记得不因言废人的古训，但这古训一定是有限度的——秃子讲增发剂的妙用，就像贪官在主席台上宣讲反腐，他老婆电视里看见，不能不发笑。但若他要的只是个悬空的理呢？既然是悬空的理，这样的理还是那样的理又有什么差别？

那么，只有对我重要的才重要？这里没有任何客观标准吗？

不，正相反，只对我重要的事儿一点儿也不重要；救助黑熊当然不是对我重要，是对黑熊重要，救助失学儿童不是对我重要，是对失学儿童重要。我只是说，无论它多重要，都要跟我相关，不仅要跟我的能力相关——制止霍乱重新泛滥极其重要，但我对此无能为力；而且要我有那种缘分去跟它相关。道不远人。

你一心画画，你用不着向别人向自己证明画画是世上头等重要的事情。我觉得自己做的事情有意义，也希望别人认可它有意义，但我并不觉得我做的事情最有意义，更不会声称唯有我做的事情才有意义。我们经常感慨别人做的事情更有意义，但多半，出于种种因缘，我没打算也不可能因为你做的事情更有意义就放下自己做的事情参与到你的事业中去。

画家并不每次站到画布前都自问：我做的事情有多重要，倒可以说，他总在考虑怎么把画画好。并非他总是自问：我怎样把画画好，而是他在构图时、在着色时，在所有时间里，都在做着怎样把画画好这件事情。我们的一切品质、一切愿望都在从事情本身中获得意义。当然，在特定的情况下，他可能停下来问自己：我真该一直做这个吗？我不该离开画室去做个流浪歌手吗？与命运为侣并不是说我们不能主动改变习惯，改换追求，不可以离婚或剃度出家。然而，这一点应该是很明显的吧——这时，你不是站在各种选择外面计算利弊，绘画是你生命的一部分，家庭是你生命的一部分，你在你自身中选择，不，选择这个词太轻了——你要从你自身挣脱。你与自己的生命对质。实际上，一辈子嘻嘻哈哈喝酒，一辈子研究红楼梦而从来不质问自己的人，从来不与自己的生命对质的人，你去质问他又有多大意义？即使你在做通常认为有益的事情，例如救助黑熊，你就不曾自问过：这里有没有中产阶级的矫情？但在这里，也只有自己能够质问自己。

我们做一件事情，尤其是从事某项有益的事业，难免希望有更多的人参与。我认识不少投身或参与各种公益事业和正义事业的朋友，有扶贫的，有资助失学儿童的，有救助黑熊的，有维权律师，有人权斗士，他们用各种方式号召、感召人们参与他们的事业，但他们并不质问谁谴责谁。不像从前的传教士那样，用"不皈依就下地狱"来吓唬咱们。为了感召更多的人参与扶贫事业，他提供关于贫困人口各种情况的惊人数据，拍摄贫困地区悲惨图景的照片，宣传扶贫人士的无私努力，讲述贫富巨大差距的危害，但他不谴责。当然，他谴责花天酒地为富不仁。我说的不是这个，不从事扶贫事业的人也谴责花天酒地为富不仁。

我们谴责为富不仁，谴责眼见幼童落水不施援手，但我们不谴责没有积极投入扶贫活动或救助艾滋病人的人。幼童在你身边落水，那不是发生在你身外的一件事，那是你不能不全身心感到的事情，那是你铁定的"缘分"。我们并非遇事才做选择，我们的基本"选择"，是把自己培养成什么样的人。我那些从事公益事业和正义事业的朋友，他们做那些事情，体现了高于常人的德操，但他们并不是因为这些事情体现了更高的德操才去做的。他们被牵进了这些活动。你培养自己的德操，你就被牵进有德的活动；你放纵自己的恶习，你就被牵进恶俗的活动。

# 跳水救人时想什么了？

## 道德考量

你做出一个道德行为，例如，孺子落水，你跳下河塘去救他，是否由于你认为这样做合乎道德标准（"道德"这个词早已被用得遍体鳞伤，没剩下多少健康之处，这里姑妄用之）？

这个问题，无论回答是或否，似乎都不太合适。跳水救人前若先考虑怎么做才合乎道德标准，难免显得有点儿算计。实际上，跳水救人的义人，媒体的话筒伸到他嘴边，多半回答说他当时什么都没想——我相信大多数情况下这是真的。但似乎也不能因此说他这样做出于道德本能。本能是指人人都会做出同样的反应，可碰上孺子落水，有人掉头不顾，有人围观，并不是谁都立刻跳下去救人。

跳水救人的义人当时什么都没想，主要也不是因为事情来得太突然，来不及考虑。那些有时间从容考虑的事情，说义人是因为某种做法合乎道德标准所以那样去做，同样有点儿奇怪。要不要为灾区人捐款？捐多少？母亲病重，要不要放弃升职的机会回家守护？这些事情我们有时间考虑，实际上也会考虑。但若我去考虑的是怎样做才合乎道德标准，我不像有德，倒像个伪君子。古典小说里常把这号人物当成讥讽的对象。

我们要考虑些什么呢？我们是在自利和道德之间进行权衡吗？怎么权衡？如果我能获得更大的利益，就可以放弃道德考虑？这似乎不大好。那咱们是不是应当总把道德放在第一位？这似乎要求过高，我们谁敢说无论面对怎样的强暴，自己都会说真话，或挺身而出救助朋友，或救助遭受欺凌的人？

我们这样思考问题，难免陷入进退两难的境地，因为我们一开始就把道德维度从生活的其他维度如利益、情感等等抽离开来，把它们都放置到我们的对面来比较，仿佛我们是在考虑投资股市，把种种选择摆到自己对面一一加以权衡。然而，碰到生活中的困境，我们并不是把生活按照道德、利益、能力、情感等等格式划分开来，而是每一次依照具体情况来把整个情境分成不同的部分；我们也无法把道德标准完全放到我们对面加以考虑，而总是连同我们自己是什么人一道考虑。例如，我们其实无法脱离开自己的能力来谈论德性。拯救自己的灵魂也许无须自己有什么本事，但跳水救人需要，治病救人需要。爱上帝也许无须另有本事，爱你的孩子却需要你会换尿布、煮饭，读懂用药说明。

义人跳水救人，与其说他认为这样做是合乎道德标准的，不如说他依乎本性就跳水救人了。来得及考虑的时候，与其说我们在考量怎样做才符合道德，不如简单说我们在考虑：我应当怎样做？怎样做才是依乎我本性的做法？"依乎本性"在很大程度上是与选择相对而言的——对这位义人来说，孺子落水的时候，他不是面对各种选择，孺子落水和跳水救人就像自然因果一样，自然而至必然，朱熹所谓"天之所以命我而不能不然之事也"。考虑我应当怎么做，并不都是在对象面前挑挑拣拣，仿佛我是谁的问题早已解决；倒不如说，在生活的困境面前，即使看上去一个人是在各种外部可能性中挑挑拣拣，他也仍然是在透视自己的本性。谁达乎从心所欲的境界，事事率性而为，不再挑挑拣拣？

## 教化而后自然

本性、自然、率性，这些词听来悦耳，却也是藏污纳垢之地。难道嫉妒不是人的本性？似乎，贪财贪色也是人的本性，欺软怕硬也是人的本性。日俄战争时，大毛子到咱们东北到处烧杀淫掠，我们却不好说大毛子自然率性吧？

一开始就不能把本性等同于人一生出来就有的东西。出于本性，与出于本能有别；本能是对环境的一一应对，而我们说到本性，说的却是首尾相连的整体性的东西。我喜欢举一个粗俗例子：尿憋了要撒尿，实在本能之至，你却一直憋到你找到厕所。除了本，还有性，唯把种种本能、感觉、欲望加以协调，才称得上本性。真性情人不是朝三暮四之人，率性不是颠三倒四。唯为事能执之一贯，才算有性格。

本能、感觉、欲望怎么才得协调？它们在与周遭世界打交道的过程中逐渐协调起来。幼儿想要糖果而不得，自然而然哭闹起来，我们哭闹却一点儿都不自然。成人的自然经教化而来——画画得天成，平衡木上旋转自如，对着麦克风谈笑自若。我们通过教化变得优秀，通过教化而有德。

既然是教化而后得,怎么能够说是"本"性呢,怎么能够说是本来既有的东西?这要从"教化"说起。

人们常把教化刻画为外部规范系统的"内化"。有权势的人,成人,用指令的形式把种种规范加给我们(例如不得酒驾)和孩子(例如不要骂人),我们由于惧怕警察或家长的惩罚遵守这些规范,日久成为习惯。这些习惯充其量是"第二天性",还说不上是本性。但我们并非只从指令学习规范,指令之外还有说理——为什么不要骂人,为什么不得酒驾。无论什么道理,要让我们理解,就得联系到我们本来就懂得的道理上。说理与我们的"本然"有着密切的联系。

不过,我们都知道,说理在培养德性方面作用有限。德性上的学习,主要不靠在书房读书或在礼堂听课,而主要在向身周的典范学习,"就有道而正焉"。在德性领域,典范有不可替代的作用,而典范主要是通过默会方式起作用的。

然而,说到向典范学习,我们面对一个要紧的问题:我们身周有种种人种种行为,有的优秀,有的不优秀,我们怎么开始学习那些优秀的而不是去学习那些不优秀的?这显然首先依赖于我们大致都能分辨什么是优秀的什么是不优秀的,同时,依赖于我们认识到别人优秀就是认识到自己的缺失。分辨优秀与否不像分辨红和绿,优秀与否总是跟我们自己是什么人一道得到衡量的。达不到优秀,人就不是完整的自己,通过学习而变得优秀,是一个完成自我的过程。我们通过教化把东一个感觉西一个欲望塑造成整体,塑造成能够整体地自然行事的人。

亚里士多德说,一棵橡树的生长并不是茫无方向的,而是橡树本性的实现。人的生长也一样。我们并非靠一成不变保持本性，而是靠生长达乎本性。这个道理有点儿绕。为了教化朴素的头脑，古贤人往往取简易之法，把本然说成时间上最先摆在那里的东西——人之初性本善，最本真的人格是伏羲上人，最完美的政治是三代。其实，无论三代政治制度是否完美，我们都无法照搬，因为历史生活已经变化了。

本真不是现成摆在那里的东西，它倒毋宁是某种新鲜的东西，我们搜集各种历史线索把它创造出来。只不过，这种创造与科技创造不同，它从来不是单纯的进步，而是在不断变化的情势中，创造出与以往的优秀卓越尽可能坚实的联系。

## 有德之人与道德行为

为鲜明起见，我们可以区分学习阶段和成人阶段。在学习阶段，我们的确常常需要考虑怎样做才合乎道德标准，而在成人阶段，人依其所成之性行动。对有德的人来说，德性是他的本性，是他的存在。跳水救人不是由于这样做符合道德规范，而是依乎自己的本性——唯这样做才是自然的，就像马燕红在高低杠上这样转身才是自然的。依乎本性行事即真，依乎本性行事之人即真人。

我这样做，因为这样做合乎道德标准，这不是道德行为的动机，而是学习有德之行的途径。如果它不是学习的途径而成为行为的动机，那么，这样做即使不尽是虚伪，至少相当虚伪。我们在一时一事上学习何为德行，是为了学做一个整体有德之人，做一个真人。若说科学之真在于合乎客观事实，那么真人之真，真性情之真，只能是合乎本性。有真人而后有自然的道德行为。

在这里，行为者的角度和评价者的角度是有区别的。义人跳水救人，从他自己来看，并不是为了符合道德标准，而是本性使然，行其"不能不然之事"；而从评价者来看，这个人是有其他选择的，他也可以溜之大吉，也可以围观。我们会说，他在诸种可能的做法中选择了有德之行。义人成为典范，但他不是为了成为典范做事情，他只是为了解决他的问题而已。想着怎么把自己做成典范，这颇有点儿古怪。

近代英国的政治方式成为后来很多国家学习和效仿的典范，但英国人不过是在解决自己的政治问题而已。性情中人并不是自己要率性，要真，他只是依乎其所是做他手头的事情。成心率性倒做作了，恐怕难得率性之爽。但在我们眼里，他是真性情，因为我们自己未达乎纯真，我们还在真真假假之中，要学着从真假莫辨的东西里挑出真的东西来。

当然，只有圣人才能完全率性，从心所欲而不逾矩。我们凡人从来不曾达到自我与有德的完全融合。我们总还在学习。碰上孺子落水，或碰上比这更为紧急的事例，如突发地震，我们的确来不及考虑，你是"跑跑"，还是去援救他人，全系于你已经修成什么。而在较为从容的处境下，我们会去考虑自己应如何行事。这并不是在权衡道德标准和其他如自利、感情，等等，而是在整体地审视自己是个什么人。我们不是圣人，我们的存在，作为整体，对我们自己并不总是通体透明的，我们并不总是知道自己的本性是什么。

不过，尽管我们凡人一直达不到自我与有德的完全融合，由此我们可以说，人的一生是不断学习成长的过程，然而，我们大体上还是要像古人那样区分学与立。少年时期，人的主要任务是学习。我们向典范学习，以求能够学得像典范那样。成年之后，人的主要任务是做事。尽管我还想成就更高的自我，尽管这是个可嘉的愿望，但我大致就是这个样子了；现在，最重要的事情不是我愿成为什么，而是就我的所是来做事情。

性有品，分成三六九等。与其勉强去做那些自己的天性够不到的事情，不如依你所成之性，解决面对的问题。实际上，成年以后，我们进一步的成长几乎只能以做事的方式实现。

# 哲人不王

## 一

柏拉图是西方思想史上数一数二重要的政治哲人。柏拉图的政治哲学，外行不一定了解很多，但都知道他所谓的"哲人王"。

柏拉图是思想王国中的王者，但他从来没当成现实中的哲人王。柏拉图父母两系都是雅典的政治世家，他本人年轻时就有从政之志，但当时雅典的政治情势相当混乱：长达二十七年的伯罗奔尼撒战争以雅典的失败告终，"三十僭主"推翻了民主政制，但不久又被民众推翻，重新恢复了权力的民主派处死了柏拉图的老师苏格拉底。柏拉图对雅典政治的发展很失望，没有投身雅典政治，而是到各处游学，到过小亚细亚、埃及、意大利等地，学习哲学、天文、数学，考察各地的政制、法律，后来也边学边讲，吸引了一批年轻的追随者。其中一位名狄翁者，是西部强邦叙拉古僭主狄奥尼修一世的姻弟和大臣。通过狄翁的引荐，四十岁的柏拉图渡海到了西西里，试图说服狄奥尼修一世采用他自己心目中的良好政制。但僭主与哲学家的会见成为一场冲突，柏拉图差点儿被处死，虽经狄翁等说情免死，还是被当作奴隶卖掉。

经人搭救回到雅典后,柏拉图建立了名传千古的雅典学园。二十年后,狄奥尼修一世去世,狄翁拥立其子狄奥尼修二世继位,再次邀请柏拉图到叙拉古。六十岁的柏拉图不无犹豫,但最后还是前往。狄奥尼修二世雅好哲学和文学,起初颇为礼遇柏拉图。但在不久后的宫廷政治斗争中,狄翁被放逐;柏拉图虽被挽留,却处于近乎软禁的处境中,后来获准返回雅典,返回前还向僭主保证今后会重返叙拉古。几年后,为履行自己的保证,也由于狄奥尼修二世作出不久将允许狄翁返国的姿态,柏拉图第三次渡海到了西西里。这一次的情况并没有多少好转,两年之后,无功而返。此后十几年,柏拉图专注于学园的工作,未再卷入实际政治。这时,他名望甚高,多有城邦领袖前往学园向他讨教政治、法律方面的意见,学园弟子也有一些投入某些城邦的实际政治活动。

柏拉图的经历与我们的孔圣人颇多可比之处,虽说这两位所处的历史—政治环境迥然不同。孔子三十而立,此后,一边招收学生,一边到齐国求仕。齐景公不用,他又回到鲁国继续研修教书。当时鲁国的政治局势相当动荡,孔子似乎没有看到从政的良机,直到五十岁才做了官。后来做到司寇,做了些事情,如堕三都,诛少正卯,应是为了从三桓那里恢复鲁君的正统地位,但不知为什么,并不很受鲁君待见,做了一两年,就辞职了。此后到另几个国家求仕。

孔子很讲究"君君臣臣",不过,他的忠君跟后世只有一个皇帝可供效忠不同,君臣之间是"双向选择",此处不得明君不妨换一处试试。他在卫国、陈国得到过聘任,聘期都很短,余下大多数时候则颠簸于途,经历了不少险阻,陈蔡绝粮,受困于匡,还多次被楚狂接舆之类的隐者嘲笑。到晚年，孔子才再次返鲁定居，专注于编书教学。后面二十年，他的一些学生被这里那里聘作县宰之类，没谁在政场中有大作为。

## 二

柏拉图和孔子，各自是西方、东方最伟大的政治哲人。可是，他们为什么不能在现实政治中有所作为呢？

也许是未遇明主。鲁哀公不很像明主，孔子行相的时候恐怕就没给予充分信任。但孔子要遇的是什么样的明主呢？汉高祖？唐太宗？康熙皇帝？孔子期盼圣王，柏拉图尝试说服僭主，似乎他们都承认，得君才能行道。"得君行道"这话粗听还好，细听起来，倒好像政治—历史人物只是政治哲人的工具，忙活了一通，最后实现的是哲人的政治思想。事实当然不是这样。哪个君王会任自己成为思想的工具？我们只见过哲人被君王用作工具的，没见过君王被哲人用作工具的。汉武帝说是独尊儒术，但何尝是在行孔子之道？后人说，百代多行秦政制，也有人说，表儒里法，当时的皇帝自己说得客气一点儿：本朝制度，王霸杂用。这个"用"字用得好——儒家思想，好用的用，不好用的，朱元璋一声令下，就删了。政治—历史并不是实施政治思想的历史。

君主既然不会傻到变成哲人的工具，哲人何不取而代之，当真去当哲人王？仲尼不有天下，但让我们想想，仲尼若果有天下，真就能开出万世太平来吗？哲学家也有当了王的，最出名的是罗马皇帝奥勒留，一位优秀的罗马皇帝，如是而已。

孔子和柏拉图的从政以失败告终，这倒没什么，做事情总是有成有败的；可以一问的倒是，他们有过成功的希望吗？后世曾实现过孔子或柏拉图的政治理想吗？也许，哲人的政治理想太高远太完美了，在这个世界上并无实现的可能？但这么说，似乎是贬低了哲人，我们谁不会凭空想出一幅民富国强的美好图景？

哲人做不了王，万一做了王，也就是个普普通通的王，究其缘由，最简单说，因为孔子与柏拉图一路的政治哲学与通常所说的、狭义的政治关系不大。狭义政治的第一要义是权力，第二要义是治术，而政治哲学的首要任务既不是权力，也不是治术。那么政治哲学何为？在于探究政治的目的或意义。政治的目的或意义是什么呢？用西哲亚里士多德的话说：保障人的良好生活。什么生活才是良好的生活？对不同的人群来说，是否有不同的良好生活？何种政治有助于维护和丰富人生的意义？何种政治制度最能保障良好生活？这些问题当然没有显而易见的答案，也因此，才有形形色色、不断发展的政治哲学。

政治哲学也关心政体与治术，因为狭义的政治当然与人民是否过上良好生活深有关系，但它绝不能独力造就或维护之。商鞅、韩非、李斯对权力和治术的阐论远比孔子周密切实，而且，这些政术家颇有几个在现实政治中大有作为，虽然个人的结局不一定美妙。商鞅治秦之时，"令民为什伍，而相收司连坐，不告奸者腰斩"，议论政治的，哪怕说好听话，也是"乱化之民"，"尽迁之于边城，其后民莫敢议令"；诸如此类的律令推行十年，"道不拾遗，山无盗贼，家给人足……乡邑大治"，这也许可说是一片治世景象，可你就是看不到其中有人的自发的生活。

比较起曾皙所愿的"浴于沂，风乎舞雩，咏而归"，比较起孔子到子游所治的武城，闻弦歌之声，我们便能看到，什么是有生活目的的政治，什么是凌驾于生活之上的政治。"良好生活"当然没有人人同意、亘古不变的标准，但大致离不开生计小康，社会宽松，庶民有爱心、有教化、有品格、有能力，简言之，大致就是为人父母希望儿女生活在其中的社会。很少有父母，哪怕是力主专制政治、自己喜欢告奸的父母，会希望儿女生活在"不告奸者腰斩"的社会里。

## 三

我恐怕，一向以来，人们有意无意之间，把政治哲学过多地跟权术和治术联系在一起。现在，我们若把政治的目的理解为保障人的良好生活，那么，这里所谓的政治就是极为宽泛意义上的政治。这种广义的政治，不独独是政治人物的事业。

良好的社会生活是由各种各样的其他活动一起来创造和维护的。这些活动，为方便计，不妨笼统称为文教。在孔子的想象中，古代圣王主要不是后世所谓的政治家，在三代大治之世，文教为主，狭义政治只起辅助作用。如果把孔子所谓德治，理解为狭义政治属下的一种治术，自然会觉得老夫子过于迂腐。孔子说到政，主要内容并不是今天的政治，而是今天的文教。萧公权所言不虚：孔子"认定政治之主要工作乃在化人，非以治人，更非治事。故政治与教育同功"。伯里克利称雅典为希腊的学校，其意相似。

哲人或有立功于当世之志，孔子说："苟有用我者，期月而已可也,三年有成。"他在哪儿都没干满三年,但干满三年就定能成就什么吗?他在鲁国当了一两年司寇,其他职位上干得更短,没留下斐然的政绩,了不得是个贤臣罢了。萧公权谓:"综孔子一生之事迹观之,其最大之成就不在拨乱反正,而在设教授徒。"我恐怕"最大之成就不在"云云,尚属溢美之词,孔子拨乱反正的事业,取得了多少成就呢?孔子被后世奉为"素王",素王这称号,在我这种不谙古典的耳朵听来,似乎有点儿调侃的味道。哲人何必称王?无论哲人是否有立功于当世之想,但到头来,他主要的功绩还在于文教。孔子短短的从政生涯,别说对中国历史,即使对当时的政治格局,大概也没起过什么特别的作用。而孔子的礼乐思想,以及有孔门、孟子倡导的民本思想,塑造了中国政治的重要品格。政治—历史不是实施政治思想的历史,但若没有政治思想,所谓历史就只剩下一出出帝王将相的宫廷戏,谈不上有什么政治—历史。没有孔孟,两千多年中国的政治—社会不会是它实际所是的那个样子。政治哲学是思想,思想影响实践,但并不指导实践。

　　三代是不是像孔子说的那样,不得而知。我们倒是大致知道,在上古历史中,文教(包括宗教)和狭义政治不似后世区分得那样清楚。不管怎样,只要政治与文教分离(或用古话说,治统与道统分离),我就要说,一个国家不是单由政治人物领导的,而是由政治人物与文教精英共同领导的。欧洲很多国家的国政大厅两侧,一侧挂着该国历史上的政治人物,一侧挂着哲人与艺术家,大致反映了这一观念。

　　张东荪有一段谈论历史和道德的话,颇可以与这里所欲阐明的观点相互发明。他在为梁启超辩护时说:"就历史来看与就道德来看,便很有不同的观点。就历史来说,(梁启超)诚然是一个失败,不必讳言。然就道德来说,这种知其不可为而为之的态度,正是人格的表现。未可因其不济事而短之。假使梁任公预知革命之不能免,不作双方劝告,而专向一方烧冷灶,则他即变为投机分子,不成其为梁任公了。""知其不可为而为之"是句好话,但还不妨加个脚注:哲人绝非独自抱个理想不管它可为不可为,哲人的政治理想总是有现实意义的理想,它也许在现实政治中行不通,却可以让现实在更广更深的意蕴中呈现出来。具有现实意义与成功并不是一回事。

文教与政治各有相当的独立性,文教当然不能代替政治。王道派声称,只要施仁政于民,"可使制梃以挞秦楚之坚甲利兵",这不仅欺人,而且错认了自己的工作性质。统治者又哪有真信这个的?政治家即使当真倾慕文教,也不可能把文教放到第一位。因而,文教之业断然不能委托给狭义政治。至于君王哲学家,则是最最可怕的君王。雍正和斯大林不满足当皇帝,他们还有一套哲学,那些时代的文教于是格外凋敝。只要统治者把文教收入自己的管辖,就不用再谈论振兴文教了。政治人物总不免要把文教做成意识形态工具,即使客气一点儿的,也总是这样问:文教能为政治做什么?可怜我们的文化人也不脱此问,仿佛日夜在为统治者分忧。我们倒不如问:政治能为文教做点儿什么?因为良好的生活原本离不开文教昌盛。固然,如博丹所言,国家有身体,也有灵魂,灵魂是更高级的,不过,身体的需要更为紧迫。在紧急情势下,高级的需求须按情势紧急的程度在低级的需求面前让步，但一贯辖制文教的政治注定是恶劣的政治。

哲人原不为称王而生，王也替代不了哲人，一个有意义的政治体，须由政治与文教携手才能造就和维护。政治家是否优秀，除了他在狭义政治上的能力，还须以尊重文教独立的程度而定。有的历史学家不明此理，悖逆我们的直觉，把亚历山大大帝列于秦始皇之侧，把拿破仑列于希特勒之侧。至于自诩为思想者文化人而无限景仰那些残害文教的霸主，固不足与之语思想文化焉。

# 人是自私的吗?

## 一

按"新中国"的说法,自私是万恶之源,资产阶级最自私,万恶不赦,共产党大公无私,吃喝住用都由公家提供。到"新新中国",中国人更加进步,不仅行为不可自私,自私的念头也要不得,于是,全民"狠斗私字一闪念"。三十年河东三十年河西,到了"最新中国",自私从首恶的席位上退了下来。而且,很快,听理论家说,人都是自私自利的。

人皆自私这种说法,古已有之,荀子说:"夫好利而欲得者,此人之情性也。"司马迁观察到,"天下熙熙皆为利来,天下攘攘皆为利往"。近代政治哲学的鼻祖马基雅维利、霍布斯都以"人皆自私自利"为起点来建立政治学。经济学里的理性人,是追求自身利益最大化的人。自然科学似乎也提供支持。生物学家理查德·道金斯写了一本著名的科普书,题目叫作《自私的基因》(The Selfish Gene)。大意是说,从长时段的自然选择的角度看,只有那些善于保护自己和复制自己的基因留存下来,也就是说,只有那些"自私的"基因留存下来,"成功的基因一个最突出的特性就是它的无情的自私"。生物个体作为基因的载体，体现的只能是基因的特性，"凡是经过自然选择进化而产生的任何东西都会是自私的"，我们人类既然也是长时段自然选择的结果，理所当然，"我们的本性生来就是自私的"。道金斯并非别出心裁，他的观点是社会生物学的一般观点。

普通评论家没有自己的理论，理论家说人都是自私的，报章杂志便常把"人皆自私"当作人所周知的公理。

自私自利的事例，当然举不胜举。然而，生活中也颇不乏善良和友爱，更有人急公好义，甚至有人杀身成仁。街上的人也会说："咳，人谁不为自己着想！"那可不一定是自利论的证据，那多半是一声感叹，感叹自私是人身上固有的一部分，无论怎样克服压制掩藏，总难割除；我们会说"人都是自私的"，却也会说"人心都是肉长的"。要把自利理论说通，还得先把这些令人生恼的事实和谐掉。实际上，自利论理论家把他们的一大半努力用来解释怎么会出现利他行为。道金斯声明，《自私的基因》这本书的根本目的就是探讨"自私与利他的生物学本质"，解释为什么尽管成功的基因都是自私的，而我们会看到"有些基因为了更有效地达到其自私的目的，在某些特殊情况下也会滋生出一种有限的利他主义"。

## 二

我们最容易想到，利他实际上对自己更有利——利他只是表面现象，隐藏在这些表面现象之下的深层动机实际上是自私，就像表面上看起来是太阳环绕地球旋转，实际上是地球在环绕太阳旋转。

要说明为什么深层的自利动机会产生利他这类表面现象，最为我们大家知道的理路是"看不见的手"。早点铺主人摸黑起身，为客人煮豆浆炸油条，并非出于慈善之心，他关心的是自己的利益，结果却满足了顾客的需求。现代博弈论可以视作"看不见的手"理论的另一个版本。博弈论通过计算证明，在重复发生的囚徒困境中，博弈双方采用某种合作策略即以德报德以怨报怨的策略，与一味欺骗、背叛相比，对自己更加有利。从前很被批判过一阵的"吃小亏占大便宜"论也属此类。这条理论不涉及利他之心，这既是优点也是缺点。对建构理论来说，这是个优点——不需要利他之心这个"假设"，这使得理论更加简洁——利己之心直接就产生了利他的后果。缺点是，它不曾解释我们怎么会有友爱慈善之心，由此产生出"纯粹的"利他行为。

把博弈论跟基因学说联合起来，倒是能从利己推出某一类纯粹的利他行为。狼爸爸狼妈妈如果只知道保护自己而不知道保护自己的后代，它们后代的存活概率就会低于它们的同类，它们身体里的基因流传下去的概率就会较低。如果它们的子女继承了只知道保护自己不知道保护后代的基因，这个血统就会逐渐被自然选择淘汰掉。因此，我们见得到的动物，不仅具有保护自己的本能，也具有保护其后代的本能。实际上，从基因复制的角度看，在自己的生育力降低之后，保护后代比保护自己更加重要。于是，"神圣的母爱"就获得了科学解释。

即使不了解高深的理论，谁都知道，我们有时候的确是为了自己得到好处或有可能得到好处才帮助别人。家长"护犊子"也算不上自私自利的反例。真正让自利论为难的，是无私、友爱和慈善之心，是怎么看都看不出对自己或自己的后代有好处的利他行为，例如在发生海难时，让别人上救生艇而自己留在行将沉没的船上。首先提出"看不见的手"这个短语的亚当·斯密并不否认利他心，他说："无论一个人多么自私，他都会坚守一些原则，去维护别人的利益，让别人感到幸福，虽然他可能并不会从中得到什么。"神圣的母爱也不都是护犊子，也曾有母亲支持儿女舍身就义。我再举个有争议的例子——一个巴勒斯坦青年身上绑了炸药去施行自杀性袭击。你可以认为这种行为错误、愚蠢甚至罪恶，但要把它解释成自利可不容易。博弈论用不到这里——这个青年从此再没有重复博弈的机会了。引进宗教信仰也帮不上什么忙，因为我们本来就是要问：如果人本性自利，而不是利真主，那么为真主献身的宗教感情是怎么产生的呢？

　　达尔文生性慎思，这位进化论的创始人早就想到了这个难题，并尝试这条解决途径：虽然人像其他生物个体一样从自利开始，然而，"当部落成员的推理能力和料事能力逐渐有所增进之际，每一个人都会认识到，如果他帮助别人，他一般也会得到别人的帮助。从这样一个不太崇高的动机出发，他有可能养成帮助旁人的习惯"。后世的生物学家没有超出这条思路。

　　达尔文并不满意自己的回答，在我看，这条思路的确没有多少希望。这位部落成员凭什么认为他帮了别人会得到别人帮助？凭以往的经验？可这种经验一开始是怎么出现的？当谁都没有这种经验的时候，你帮了我我干吗就要帮你？如果自利对进化是根本的，那么我们很难想象，在自己实际上能不能得到好处这件关键事情上，自然会变得糊涂起来，让我们不去斤斤计较，甚至还培养出同情心之类的"坏习惯"，即使自己得不到好处也去帮助别人。而且，这条思路反过来使邪恶变得难以解释了：既然善良和友爱对我们更加有利，那么为什么实际上还存在那么多邪恶和自私呢？

## 三

我们不做理论的时候，什么时候会说谁谁自私自利？只图个人利益，为此不惜损人。"自私自利"是个贬义词，带有道德评价。当然，人性中还有很多比自私自利严重得多的缺陷，比如专制者的残暴。没怎么听谁说希特勒、斯大林自私。跟残暴无良大奸大恶比，我们用自私来形容小奸小恶，琐琐碎碎抠抠搜搜怪烦人的。

生物学、经济学、博弈论，这些都是科学或准科学。我们都知道，科学是道德中立的。道金斯是位专业生物学家，他的科普写作堪称一流，不过，"自私的基因"这个书名，怎么说呢，有点儿哗众，至少未能严守科学的严谨。"自私"这个词有浓厚的道德含义，无论如何加不到基因头上。这本书充其量可以命名作"自利的基因"。"自利"比"自私"少一点儿道德评价的意味，不过，把这个词用在科学论述中，我们仍然需要有意识地把它与"自私自利"那层意思区别开来。

说到我们人类本性自私，同样不像个科学论断。不仅在研究基因的时候科学不涉及道德,即使在研究人的时候,科学也不涉及道德——不管是有德还是缺德。让科学无能为力的,何止利他?贪婪、残暴、羞辱他人,不也是人的特色吗?哪种动物会羞辱同类?一群非洲狮撕扯斑马的场面也许有点儿血腥,镜头中,别的斑马在几步外悠然吃草,它们知道狮子只是要饱餐一顿,并无残暴滥杀的本性。人就不同了,系着红臂章的年轻人在车站广场把一批一批的"坏人"暴打至死,路人哪个不胆战心惊,尽管自己对满足这些年轻人的自利毫不相干。间斑寇蛛织网捕虫也许体现了一段机心,但哪只蜘蛛曾织下天罗地网,把成千上万敢说句真话的读书人尽收网中,让整个民族从此断绝了独立思考和真率?人的仁慈大度很难用自利来解释,人的贪婪、残暴、阴险又何尝能用自利解释清楚?

经济学、博弈论等只涉及策略。一个漂亮的农村姑娘进城卖菜,一斤青菜赚两毛钱,一天挣三五十块钱;旁边是发廊街,那里的姑娘一小时挣三五百块。在经济学视野下,她们之间的区别是生存策略的区别。我还真不止一次读到过聪明人的议论,教导我们不要掺入品德高下这种"道德偏见"来看待这类事例。我觉得还有商量余地。我们是否也可以说,纳粹把犹太人送进焚尸炉,日本鬼子在南京烧杀奸掠,因为他们选择了一种和甘地、特蕾莎不同的生存策略?

可以——如果你是在对这些事件进行博弈论研究。生物学、经济学、博弈论,各自在自己的学科框架内研究人类行为的一个部分或一个方面,各有各的成就和效用,但它们从来不是对人性总体的研究,从来不可能发现"人的本质"。科学只能揭示机制意义上的原因，道德的和不道德的行为都是有原因的，不道德的行为之有原因殊不少于道德行为。为了揭示机制，科学家必须排除道德不道德的区别，巴勒斯坦青年身缚炸药闯进平民人群中，这是自利还是利他？是英勇就义还是滥杀无辜？要思考这些，需要查看的不是基因，而是我们的文化传统，我们的正义观念，巴勒斯坦和以色列的历史，他们双方对这段历史的经验和感受，等等。这些，都要求我们在有别于科学的另一个层面上思考。

你自私，也许没谁拦得住，但又何必弄得好像那份自私背后有一套科学原理的支持？

# 人之为观念动物

## 抽象观念

据说，人是观念的动物。这话不假，我们谁没有一堆观念？

按理说，我们的观念是由经验培养的。我找工作，跳槽，看到有的职业辛苦挣大钱，有的工作轻松不挣钱，有的职业轻松挣大钱，逐渐形成自己的就业观念。我们的观念，有时基于真情实感，有时只有稀薄的感觉内容，甚至没什么感觉内容。我们小时候，对资本主义有个观念，而且还是相当强烈的观念，虽然都不知道资本主义真是什么样子；现在我们见到了，经历了，有感觉了，亲知资本主义是什么样子。

观念的理在于它跟真情实感的联系。观念而合乎观念之理，而跟真情实感相联系，我们会说它是有血有肉的观念。没有真情实感的观念，我们称作抽象观念。总的来说，观念大了，亲知感的内容就比较稀薄。稀薄到一定程度，观念难免变得空洞、抽象。有的人一脑门子抽象观念。比如西方人不讲孝道啊，比如人和动物是平等的啊。当然，有人真能体会到人和动物的平等，他的这种观念就不是抽象观念。

一排一排的观念连到一起，ideas（观念）就连成 ideology（意识形态），就成为意识形态。我们现代人，抽象观念特别多，一个主要的缘故，是我们有意识形态。"意识形态"是个近代产生的词儿，实际上，意识形态本身就是个摩登物事。当然，前人也有观念，只不过，前人有一套比较完整的习俗，他们主要从这套习俗中习得观念；今天，习俗荡然，取而代之的，是普及教育（普及教育既是习俗荡然之果，亦复习俗荡然之因）。从前，少数读书人受教育，若说意识形态，他们有点儿意识形态，以"有思想"为荣；普通老百姓把日子过好就得了，其中的佼佼者，有能力，有性格，也就够了，没那么多"思想"。到咱们这个平民时代，教育普及了，人人都识字读报读书，于是乎，贩夫走卒也都有了自己的思想。从前人们行事须依于习俗，今人行事要有上升到一般观念层面的理由。

所谓"自己的思想"，当然很少有自己想出来的，还不是听来、读来的那些。统治阶级一向关心民众，既然民众希望有思想，他们就会想办法提供思想，制造意识形态就成为他们的一项主要任务。四五十年前，甚至掀起过"全民学理论"的大潮。其实，哪儿有几个民众耐烦去弄明白理论里那些细密或繁琐的论证？无论多么高深的理论，人们记得的，只是其中几个让人喜闻乐见的观念，对民众来说，理论就是几个观念。理论的黄金时代已经结束，当代，所谓读图时代，广告式的宣传，简单明快，才是制造观念的主要途径。倒是大学教授们开始热衷理论，一教授创一个，或一教授创多个，面对四壁书架，顾盼自雄，盘算着怎么用他刚刚煮熟的理论来指导时代的实践。

## 缘于虚假的观念行动

通常，抽象空洞的观念只是说说而已，"只是个观念而已"，对一个人的行止没有多少影响。有人信色即是空，但他像我们一样遇事权衡、算计、思虑、选择，有时比我们还多焦虑，算计得更精明。具有人性善观念的人不一定都行善事，反过来，很多人抱有"自利是一切行为的动机"这种观念，他自己行事并不因此一定出于自利。

观念若好听而空洞，我们就不仅说它空洞，而要说它虚假了。不少美国人认真持有反种族歧视的观念，但跟黑种人黄种人打交道时，还是一身西方中心。专制国家的革命者，好多都认真怀抱民主观念，可他们做起事来，还是专制那一套，读过现当代史，不能不对这一点印象深刻。

我说他"认真"，也许用词不当。不过，我想说，这观念虽虚假，倒不是说他要用这观念来骗人。我们所怀的虚假观念，首先是把自己骗住。

如果空洞观念和虚假观念只是与实际行动脱离，"只是观念而已"，我们原不必拿它太当真。然而，我们不仅会出于真情实感行动，我们也会依循或基于某种观念行动。你喜欢一件衣服，也许因为它漂亮，或穿着舒服，也许只因为它是个著名品牌。你可能不是为了省钱而是基于环保观念节约用水，你可能不是因为不相信盗版碟的品质而是基于尊重版权的观念而不再买盗版碟。我们改变了关于动物生命的观念，会反对用动物来做实验，不再购买兽皮大衣。我们放弃了土葬接受了火葬，其中涉及一系列观念的改变。

依循观念行动本身没什么不好，可虑的是，人们也会缘于虚假的观念行动，它们产生的情绪和行为，甚至会十分强烈。你十来岁，从来没有历史反革命给过你苦头吃，实际上你一个历史反革命都不认识，可是阶级斗争的观念却驱使你扑上去给他一拳。你心中充满仇恨，这仇恨来得奇怪，它是从观念生出来的。

异教观念、巫师作祟的观念、阶级斗争观念、狭隘民族主义观念，引发过无尽的人间仇恨，造成数不清的屠杀，其残暴血腥不亚于"史前人类"，其规模还远远过之。狗熊就不会有这类仇恨，它不会因为谁是犹太人就扑上去击他一掌。狗熊也不会因为崇拜哪个歌星去谋杀他，或自己割腕。是的，甚至殉情而死，也不一定足够真实，仍然可能出自空洞虚假的观念。胡平曾说到模仿维特当真自杀了的青年，死似乎证明了他们的爱情是终极实在的，但在福楼拜的解剖刀下，我们也许仍能见到近代爱情观念中的虚幻之处。

## 何不跟着感觉走？

我们常有抽象的、空洞的、虚假的、虚幻的、错误的观念。那我们干吗要有观念？二十世纪八九十年代有句话：跟着感觉走。我们干吗不直接跟着感觉走？

我们无法只跟着感觉走。有时，你没什么感觉；或者，你有太多的感觉，这些感觉又随时随地变化。感觉纷纷杂杂，甚至互相矛盾，你一时感觉他带有敌意，下一分钟又觉得他很友好。说话不能总前言不搭后语，做事不能总颠三倒四，说话做事，多多少少得有点儿统一性。观念本来是感觉的组织，为我们的行为提供统一性。尿憋了，你却不跟着这感觉在繁华街口撒尿——除了尿憋的感觉，你还有别的好多感觉要照顾。

我不是说狗熊的行为不统一，而是说，人在另一个层面上获得统一。人本是有观念的生物。观念不是处在生活之外那样来影响生活，仿佛我们能够脱离观念生活似的。我们的"具体生活"本来就是充满观念的生活。人不只是动，不只是动物，人行动。而所谓行动，指的就是与观念相联系的活动。唯存在真观念，才可能出现虚伪的观念，否则，它要伪装成什么呢？只有在可能存在更高的真之处，才谈得上犯错误，才谈得上虚假和虚伪。我们的感觉里浸满了观念。我们不可能把观念消除掉，只留下真实无欺的感觉，于是可以放心大胆跟着感觉走。

习俗破碎了，甚至意识形态也破碎了，不再有什么观念能够"指导"行动，这时候，我们就只能跟着感觉走，虽然不敢肯定这些感觉真实无欺。我们到了个陌生地方，既没有经验，手里又没有地图，于是，我们跟着感觉走。不真实的观念泛滥成灾，整个观念体系、意识形态一片虚伪，认真的人就会警惕观念、反对观念。反对的是不真诚的观念；单纯观念的东西，脱离了生活经验，脱离了深厚的感觉。跟着感觉走这句口号，主要并不是在选择跟着观念走还是跟着感觉走，而是在反抗占据主导地位的空洞观念。八十年代的人意识到了这些，说：十年动乱，十年乱动。旧的观念破碎了，新的观念阙如，我们仿佛不是在行动，而是在乱动。

## 观念批判

虚假观念产生虚假感情,促生虚假行动,引导虚假生活,缺乏观念的生活又琐碎无稽,乱动动乱,这让我们如何是好?

这种两难局面,使观念批判成为一件重要的事情。读书人的天职在于明理,批判虚假观念,以求我们拥有有血有肉的亦即合理的观念。前面说到,宣传是引向空洞、虚假观念的主要途径。满文件、满报告都是关于历史和现状的虚假观念,满街、满电视屏幕的俊男美女和新潮商品,似乎要逼迫人们形成关于美好生活的虚假观念。

此外,我愿格外加上一点——观念批判还包括:我们的行为举止,并不需要也不可能事事获得观念的辩护。谁不得发发傻、抽抽疯?守其大端可矣。事事都要显得合乎或明或暗的意识形态,是当代生活的重大疾病。我们倾向于把平平常常、琐琐碎碎的动机与欲望"上升"为观念。

但观念批判并不是要也不可能一般地回到纯粹的感觉。观念批判始终是在观念的层面上展开的。但我不大想如哈耶克那样说,我们用观念反对观念,仿佛我们要用另一套观念来取代现行观念。观念批判从根本上说只是否定性的。观念批判这项工作,止于揭露流行观念及意识形态的空洞和虚伪就很好。我一直觉得,今天的读书人,要用一套正确的观念来指导时代,不仅是虚妄,更多是错误。观念转变不能指望观念批判来包办。批判松解了虚假观念的束缚,为真情实感的观念的生长开辟空间;而要生长出有血有肉的观念,所需的不是读书人的指导,而是每个人自己和每个民族自己的经验与实践。

  前面说到，只有存在更高的真之处，才会有虚假和虚伪。反过来，只要存在着更高的真，就不可能根除错误和虚幻。观念批判是无止境的。诸子以来，凡事要讲个道理，跟着就来了自欺欺人。也因此，"诚"被举为安身立命之本。诚当然要求我们不骗人，但首先是要求我们不自欺。读书人不是先知，不是要用自己的观念取代别人的观念，用自己的观念指导别人的生活。读书人不是世外人，其受虚假观念之制，殊不少于大众，对自己的观念进行深入的反省和更严厉的批判，应是深刻的社会批判的前提。

# 事实与价值

一

今天的知识人都知道"这是银元"是个事实判断,"银元是好东西"是个价值判断。我们有时的确需要区分事实与价值,但不宜把事实和价值截然分开,仿佛我们有两个世界,一个事实世界,另一个价值世界;客观世界由价值无涉的事实组成,是我们把价值粘贴到事实之上。我们是怎么把价值粘贴到事实上的?价值的黏性有多强?我们能把比如"仁慈"这种价值粘贴到乌干达的"食人总统"阿明身上吗?

要弄清楚事实和价值的关系,不妨从"事实"和"事情"的区别说起。

我们总是从静态说到事实的,事情却既可以是静态的,也可以是动态的。我们说发生了一起恶性事件,事情正在起变化,事情的经过一波三折,事情终于过去了。然而,事实却不发生,也不发展、结束或改变。的确,有的事情曾长期被当作事实,但我们后来认识到它并非事实,这时我们不说"它曾是事实",而说它"曾被当作事实"。

"事实"这个词儿有很强的证据含义，我们确立事实，是为了解释什么，证明什么。事实是静态的，这跟事实的证据含义有关——证据当然不能一时这个样子一时那个样子。

我们不妨把世上的事情比作树林，把事实比作木材。树木生长、壮大、死亡，树根长在泥土里，又跟别的树的根系纠结在一起，枝叶互相交叉，又有藤蔓缠绕其间。我们要打桌椅、盖房子，跑到树林里，伐下合适的树，截成立柱和檩子，制成木板。树是自生之物，事实是有用之材。我们从自生之物取有用之材。我们从林林总总的事情那里选择、截取事实，为某种看法提供证据。

既然事实是从实际发生的事情截取而得，我们自可以用不同的方式截取。"李四打了张三一拳"是个事实，但这可能是从"张三先打了李四两个耳光，李四回了张三一拳"截取下来的。由于截取的角度、长度、密度不同，同一件事情可以提供颇不相同的事实，有时甚至会"歪曲事实"。世界上每天发生无数多的事情，要论证某个结论，何须编造事实，两个人挑选的事实不同，足以引出完全相反的主张。

那么，把所有事实都陈列出来如何？在法庭上，不仅要求"所陈述的都是事实"，而且还要求所提供的是"全部事实"。然而，我们肯定无法字面上穷尽"全部事实"。所谓"全部事实"，说的是全部相关事实。

我们为了论证什么才确立事实、寻找事实。我们倒也常说：先不要急着下结论，要先把事实弄清楚。不下结论，不等于调查没有目的，这个目的指引我们究竟要把哪些事实弄清楚。在调查过程中，我们并不总能事先确定哪些事实相关，哪些不相关，所以我们必须在较宽泛的范围里搜集事实；但这只因为有些事实可能相关，而非因为它们无论如何是个"事实"。世上的事情纷繁万态，连绵起伏，相互重叠，此消彼长，无论我们在调查什么，绝大多数事情必然略过不表。

事实本身不能告诉我们哪些事实是有关事实，多少事实构成了全部事实，是我们所要论证的事情决定这些。张三开车撞了李四，如果他们素昧平生，调查以撞车为起点，如果他们两个素有私仇，调查范围就要扩大很多。

我们选取的事实不同，事情就会呈现出不同的面貌，由于这类缘故，不少后现代学者干脆主张根本没有事实这回事。这种主张显然瞄错了方向。我们身边满是事实，五点钟开会还是六点钟？房价涨了还是落了？他是你的老板吗？的确，有些事情长久以来被当作事实，后来发现并非事实。长期以来，人们认为《周礼》为周公所著，后来经过多方考辨，否认了这种看法。怀疑这个事实，否认它是事实，依赖另一批事实或一些新发现的事实，要么"多方考辨"干吗？我猜，人们并非当真主张世间没有事实，他们怀疑的是大批量的事实有没有唯一可靠的组织和解释，例如，怀疑有没有完全客观的历史综述。这是另一个问题。

二

事实的主要身份是证据。了解了这一点，就比较容易看清"事实判断"和"价值判断"这种两分的缺陷了。

在有些领域、有些场合，我们需要从证据和结论的关系来看待世界。典型的是法庭和科学研究。可是在日常生活中，我们并不总是在提供证据，所以，事实和价值通常是连在一起的。"他跳进火海去救战友""他骗走了他妹妹的钱"，这些话是在陈述事实，抑或作出价值评判？

而且，即使我们所说的单单是个事实而不涉及价值，例如"这是银元"，把它叫作"事实判断"也不太妥当。有了事实却还不足以确立结论，我们才需要判断。已知情况足以确立结论，那就不再是判断了。依此，"这是银元"通常只是在陈述事实，而不是在"做出判断"。有时候，我们需要判断某事是不是一个事实，例如，判断这是不是银元，这时，我们根据这个物体的比重、振动等事实来判断。"事实判断"也许说的是这种情况？但这时看不出它与价值判断有什么区别，判断这位先生是否仁慈不也是根据事实来判断吗？事实是判断的证据，无论判断一事是不是事实，还是判断一事是好是坏；就此而言，事实和判断不是并列关系，而是两个层次的事情。因此，"事实判断"不是一个良好的用语。

根据同样的事实，你我可能做出不同判断。检视同一块化石，你判断是鸟，我判断是恐龙；根据同样的情报，你主张进攻，我主张按兵不动。但判断不同，并不意味着你我把自己偏好的价值贴到事实之上，而是把同一个事实跟不同的情况联系了起来。在根据特定情报做出判断之际，这份情报并不是所有的事实，作出不同判断也并非各有偏好，而是把这份情报置于与其他事实的不同联系之中。如果我只是由于偏好做出一种选择，例如我总是选择尾号是"3"的旅馆房间，那么我根本不是在做出判断。

# 三

事实是判断和论证的理据，它因此已经有了价值，我们也的确经常说到"获得了有价值的情报""发现了具有重大价值的事实"。那么，为什么人们会说事实本身并无价值呢？我想，这个说法包含两种不同的意思，一种比较宽泛，一种比较具体。

先说宽泛的那一种。一样东西有价值，可能是这样东西本身具有价值，也可能是因为它有助于我们获得本身就有价值的东西，也就是说，它具有"工具价值"。人们说事实本身并无价值，可能是说它只具有工具价值。弓箭因为能够用来射鸟射兔而有价值，改用火枪来打猎了，弓箭就没价值了，或只剩下博物馆收藏的价值；弄清楚敌军配置的事实，只是为了决定我军应该采取何种攻防策略；弄清楚男方是否有房，只是为了决定我是否嫁给他。除了这种工具价值，事实就没有别的价值了。

什么东西本身具有价值呢？这份情报让指战员决定了攻防策略，但攻防策略也不是最终目的，它仍然只有工具价值，为了战胜敌军。战胜敌军似乎也不是我们的最终目的。想来想去，并不容易找出脱离了其他所有东西而本身就有价值的东西。上帝的信众因上帝本身而信上帝、爱上帝，但若上帝不是个空名，他总还是"有作用"的；也许他是正义，惩恶赏善，也许他是安慰，慰藉我的苦难，也许他有助于我们理解世界的秩序。

在我们这个世俗社会，快乐最常被选出来作为价值本身。虽然一般说来快乐并不服务于别的目的，但快乐并不是一个孤立的终点。我们总是通过这种途径那种途径得到快乐了，而我们通过何种途径获得快乐,跟快乐是不是一种价值大有干系。滑一下午雪归来洗个热水澡很快乐,这跟躲在高架桥下注射一针麻醉剂获得快乐颇有区别,跟虐待小动物获得快乐区别更大。我想,很多人不会乐意把后两种快乐视作"本身具有价值"。

不过,这个问题涉及的是终极价值和工具价值的一般问题,不单单限于事实有没有价值或有何种价值,我们可暂不置论。在较为具体的意义上,人们把事实和价值分离开来,大概是要说明,无论你持有何种价值观,事实还是那个事实。

上面说到,在日常生活中,我们通常并不把也不必把天下的事情分成事实和自己的感受。然而,为了特定的目的,我们需要把事实和自己的感受分离开来。女儿病了,父母焦急、手足无措,这不是医生要听的,他要知道的是发病的种种事实。在作战室里,指挥官不需要情报员报告他对敌情的感受,他只要事实。双方发生争论,各自倾向于把事情描述成支持自己心爱的观点,而争论若要有个结果,两造就得努力把事情本身跟各自对它的感受割开。在甲方看来,张三偷了李四的钱,乙方却不这么认为;双方共同接受的事实是:张三未经李四允许就从李四那里拿走了一千元。这个事实可以被解释为张三偷了李四的钱,但也容许其他的解释,例如,张三和李四是极好的哥们儿,你用我的我用你的一向不用事先打招呼。法庭要求证人尽可能屏蔽自己的态度和看法,只陈述事实。学术与科学以相似的方式专注于事实。

我们需要事实,因为事实不依附于特定的解释,也就是说,它的理据价值不单单属于某一种判断、某一种论证。就像我有一只祖传的翡翠手镯,它对我有特殊的价值,这种价值不为当铺老板所认。在那里，它折合成十个银元，这十个银元在谁手里都有同等的价值。我们要把世上的某些东西确立为事实，就像我们要有能够到处流通的银元一样。这时候，"事实本身没有价值"这话所说的就是：事实对不同立场、不同价值观是中立的，即所谓"价值中立"。

并没有两个世界，一个事实世界，一个价值世界，我们也不掌握把价值贴到事实上的魔法。倒是为了特定的目的，我们有时需要把一些事情从流变不息又充满爱恨情仇的世界中切割出来，确立为事实。在这些情况下，在特定的意义上，事实与价值相分离。

# 事实的说话方式

## 一

我们有时侧重于从我们的感受和评价说到一件事情，有时侧重于从事情本身是什么样子来说。比较一下这两个句子，即可大致看出这种区别："这只手镯真漂亮，可是太贵了。""这只手镯是翡翠的，四千元。"

漂亮不漂亮，往往因人而异；贵还是不贵，要看说话人的钱包有多大。这只手镯是不是翡翠的，可以用科学方法加以鉴定，它标价四千元，对张三李四都是四千元，无论他们是贫是富。

有些话，差不多只是在评价：她太可爱了，可爱得难以形容；该犯一贯思想反动，反党反社会主义，影响极其恶劣。有些话，差不多只是谈自己的感受：昨天晚上的事儿太可怕了，我现在想起来还觉得浑身发抖。有些话，只是在表达意愿或态度：你一定给我守住！是，保证完成任务！我写首诗，"秋天真美，啊，我好爱秋天"。你有把握没人把我当诗人，这种写法，技术含量太低，而且失之笼统。评价、感叹多了，我们难免着急，他说了半天，没有多少事实内容——"你别老是太贵了太贵了，你就说是多少钱吧！"

不过，评价不一定都用这种幼稚的方式。的确，有些语词明目张胆进行评价，如无耻、恐怖分子、娼妓、大师；有些语词则有点儿微妙或相当微妙地进行评价，如残废、战士、宣传、讲道理。有些小词儿善于在不经意间包含评价：杯子里只剩半杯水了，杯子里还有半杯水呢；连他都会这个，他连这个都会。有些结构也含着评价：曾国藩是"屡战屡败"还是"屡败屡战"？语词的评价意味还可能随环境变化，共产党员是个光荣称号，但有一阵子美国把共产党员和纳粹党员并列为不准入境。单单叙事，也可能做了评判：《左传》里有一段写来了彗星，接着星宿在黄昏出现，是火灾之兆。裨灶要求子产禳灾，子产不从，后来果然发生火灾。于是裨灶再次要求子产祈禳，子产仍然拒绝。故事结尾只说了一句"亦不复火"，不着一字评判，却也裁夺了孰是孰非。

我们平常说话，既不是单纯评价，也不是干巴巴陈述事实，我们说一件事情，同时把我们的态度和评价连同事实一道说出来。"这孩子挺用功的"，"他头上的癞疮疤越发亮起来"，"他偷了我的钱"，这些话是描述还是品评呢？单说形容词吧，慷慨的、节俭的、吝啬的、骄傲的、干净、肮脏、敏捷、明亮，以及成百上千的类似语词，它们既在描述，也在评价。

我不是说，它们包含一半事实一半评价，而是说事实和评价混在一起。"水汪汪的大眼睛"或"似烟非烟的眼神"并不是眼睛尺寸、亮度等等再加上评价。在我们的自然态度和自然话语中，事和情直接连在一起，并非先有一事，然后我们寻找它的意义，赋予它意义。事情连着我们的处境、感受、欲望、目标向我们呈现，我们有所感地了解一事、知道一事、言说一事。不妨说，一件事情不只是个事实，它还有情，我们说"事情"，古人甚至更爱说"情事"。并非先有一个实实在在的事实世界，人们主观任意地在事实上涂抹"感情色彩"。杜威说："从经验上讲，事物是痛苦的、悲惨的、美丽的、幽默的、安定的、烦扰的、舒适的、恼人的、贫乏的、粗鲁的、抚慰的、壮丽的、可怕的。它们本身直接就是这样。"生活世界中的事情自然地具有意义。

## 二

　　单纯的评价不提供什么信息，这倒不意味着，评价越少提供的信息越多。"这孩子期末考试的成绩差"和"这孩子期末考试得了七十分"哪个给出的信息更多？"成绩差"这话不够精确，不过，它把成绩所连的情境一起说出来了。由于不够精确，听者可能问：你就说他得了多少分吧！但你说他得了七十分，听者也可能反过来问：你说在班里是成绩好的还是差的吧！"这只手镯太贵"没告诉我们它到底卖多少钱，反过来，"这只手镯四千元"没告诉我们它算贵还是算便宜。你到一个新地方，想知道那里的情况，你愿听到介绍者只列出事实，还是愿他带着自己的印象、评价来介绍？后一种方式往往使你能够适当地了解"客观情况"。

　　有时候，印象和看法甚至比事实更重要。我不记得手镯的价钱，只记得它很贵；我忘了张三说了些什么，但还记得那些话让我做出了那个重要决定；我记得张三是个不诚实的人，但已经忘了我从哪些事例得到这个印象。

　　日复一日的印象汇集而成的看法，可以强到合理地与强硬的事实对峙。1996年，台湾"空军作战司令部"营区厕所里发现遭奸杀的五岁谢姓女童尸体，调查发现现场的一张卫生纸上面沾有女童血迹及营区士兵江国庆的精液。主要根据这一重要证据，江国庆被判死刑并执行。其父江支安从不认可这一判决，十几年奔走申冤。十四年后，复查证据确认真凶为许荣洲。（现在认定的情节是，江国庆到厕所自慰，精液喷到垃圾桶里的卫生纸上，而女童的血迹也喷到这张卫生纸上。"这一几乎不可能的巧合，让江国庆冤死。"）这不是绝无仅有的例子，二十年的养育有可能让父母对儿女了解得真真切切，说破大天，儿子绝不可能做出奸杀这样的事情，这不一定只是感情用事。

麻烦在于，我们的看法多半来自无数弥散细弱的线索，无论挑选出哪些作为理据，都显得不够有力。于是，在需要提供证据的时候，我们多半并不是从自己的经验中析取事实，而是去搜集、寻找、发现那些更鲜明地支持结论的事实。如果有必要，我们还去设计实验，专门生产事实。

法庭是个多讲事实少讲感受的地方，法官要求证人只陈述事实，不作评判，不作推测。同样，烹调手册、病历、考古报告也不必写得充满感情。做科学报告，进行学术讨论，浸透着自己的感受来叙述事情不一定是个优点，我们倒需要把自己的感受从事情中分离出来，尤其要避免使用感情色彩、评价色彩浓重的语词。他们抓捕的是人权斗士抑或扰乱社会秩序的煽动家？"人权斗士"和"煽动家"这类用语不是典型的事实说话方式。事实说话方式努力把评价与事实分离开来，从而得以把不同的描述转变为不同立场都能接受的陈述，以期不同立场之间能够有效地展开讨论。西哲亚里士多德这样界说哲学—科学："从事物对我们是怎样的到事物本身是怎样的"。理学家邵雍说："以物观物，性也……性公而明。"

## 三

一般说来，事实说话方式是相对而言的。柳宗元的游记里有事实，但大体属于"美文"，与之相比，徐霞客的游记更偏于事实的说话方式。法庭是个讲究事实的地方，但法官各有各的风格。丹宁勋爵在《家庭故事》里说到，有的法官态度冷漠地引述干巴巴的事实，而丹宁法官自己则宁愿采用莎士比亚式的有情节的、"让人一目了然"的方式来复述案情，解释判决。

的确，两种方式各有千秋。我们读到"该犯置客观事实于不顾，大肆歪曲、诬蔑、诋毁中华人民共和国，煽动境内外民众与中华人民共和国政府对立、对抗"，难免觉得太过空泛，只有判断，没有事实。该犯置哪些客观事实于不顾？他用了哪些恶毒话语"大肆诬蔑"？哪些民众被煽动了？何时？那些被煽动的民众在什么地方用什么方式来对抗中华人民共和国？

反过来，光列举事实，也会让人摸不着头脑——

该人从某年某月到某年某月，到某县、某县共二十四个县，调查了某某某等四百十二人，做了详细笔记，记录并推算了所调查地区大饥荒时期的死亡数字。

这时，我们又想知道，这些干巴巴的事实说明了什么？

说明该人反动透顶、影响极其恶劣，还是说明该人对历史富有责任感，工作认真勤恳？"以事实为据"并非只罗列事实，事实还得说出些什么。

日常话语带着感受和评价,一听就知道它的指向。"贵"和"便宜"携带自己的指向,"太贵"和"真便宜"更突出了这种指向——"这只手镯太贵了"几乎就是在说"不买";"这只手镯四千元"则对买还是不买沉默不语。

我们倒也说:让事实说话。事实是怎么开口说话的?事实里面有什么精灵吗?没有。事实在情境中说话。生活中每一件事情都与其他事情交织在一起,一件事情的指向和意义多半很明显,我们很难把事情的意义分离出来,单独谈论事情的意义。张三考取了北大,这件事的意义是什么?李四中了头奖,这件事的意义是什么?生活有什么意义?

在有录音设备之前,里屋传出说话声音,说明里屋有人,现在也许说明里屋的电视机开着。从前,确认了他不在现场即可得出他不是凶手的结论,今天有了遥控技术,这个结论就不成立。只有在适当的语境里,事实才能说出些什么。孤零零的事实哑然无语。

在形形色色的专业领域中,搜集事实、确定事实渐渐跟对事实的解释分离开来。在法庭上,证人提供事实,不加判断,反过来,陪审团不得自己去搜集事实,他们只管根据法庭认可的事实做出评判。一位研究者埋头确定曹雪芹的生卒年月,无论红学研究怎样使用和解释这个事实。实验物理学和理论物理学成为大致可以分开的工作。一方面,事实仿佛不再蕴涵道理;另一方面,理论本身成为一个独立的系统,仿佛无论事实是什么样子理论本身都成立。一门高度专业化发展的学科,不仅理论复杂深奥,我们外行不知道它所陈述的是些什么事实。生物学家发现甲基转移酶亚单元具有把目标核糖定位到活性点内的功能，我不仅不知道这个事实有什么意义，我甚至不知道它是个什么事实。

有时候，我们抱怨日常叙事不够客观，有时候，我们反过来抱怨事实话语太客观了，干巴巴冷冰冰的。的确，事实话语是干巴巴冷冰冰的。从一种植物中提炼出某种药剂，那种植物原是有滋有味的，这种药却什么好滋味都没了，只剩下赤裸裸的苦味。我们本来生活在一个意义和价值的世界里面，但有时就像需要药物一样需要干巴巴的事实。

# 说理之为教化

一

这个世界有理可讲吗？在愤世嫉俗的人嘴里，这个世界是个弱肉强食的丛林世界。的确，这个世界并不怎么温良恭俭让，有时会很残酷，我们每个人对此都要心里有数。不过，我们还是忍不住要讲道理。比如，你不同意愤世嫉俗者的主张，他多半给你举出一连串弱肉强食的例子，揭露脉脉温情面纱下的冷酷算计。总之，他尝试说服你，而不是扑上来咬你一口。

听听周围的人说话，听听法庭辩论，读读报纸杂志，浏览网上言论，到处能听到说理。是，好多言论只是在发泄不满，在谩骂，此外却也有好多言论在讲理。愤世嫉俗者笑道：哈哈，什么讲道理，不过是在宣传在欺骗罢了。是，很多时候，人们只是貌似在说理，其实是在宣传，是在欺骗，我们对此也要心里有数。不过，这反过来说明我们还是相信说理，要么他干吗做出说理的样子来宣传、来欺骗呢？

平心而论，说理是一种重要的人类活动，近代以来，说理变得愈发重要。科学讨论的兴起，法庭辩论制度的推广，都是突出的体现。现在，连我们带孩子也兴说理。现代政权极重视宣传，其实也从另一个方面表明了说理的重要性。事实上，我们有时通过说理改变他人的看法，赢得支持，我们自己有时也被他人说服，从而修正自己。

不过，作为改变他人看法的手段，我们仍不可对说理抱有过高的期待。人们有时能被说服，但"说服"不一定全靠纯而又纯的说理，说服往往夹杂着哄骗、纠缠、利诱，甚至暗含威胁。即使在比较纯粹说理的场合，例如在学术和科学领域，说理也只是胜出的一个因素。演化论已经积攒了一个半世纪的证据，并且对"特创论"的方方面面加以批驳，特创论还是有很多人信。至于我们在政治—社会生活中的重大立场，更不容易被一番道理说服。以色列人和巴勒斯坦人何时能说服对方改变立场？在这些事情上，我们常见争辩双方各自滔滔雄辩，却少见谁当真说服了谁。

何况，要改变他人的看法，说理不见得是最有效的手段。训练、实地考察、征引权威或大多数人的看法、恳求、纠缠，这些途径若非更加有效，至少同样有效。说理不成，我可以动之以情吧。大多数人读小说、看电影，不读论理文章。一篇《汤姆叔叔的小屋》，一部《猜猜谁来吃晚餐》，改变了很多人的种族歧视态度，被一大篇道理说得改变了态度的人恐怕不多。有社会学家研究人们归信于某种宗教的过程，得出的结论是：归信的首要因素是感情纽带，对陌生人传教则很少成功。此外，还有"不言而教"呢，榜样往往比用道理来说服更具"说服力"。最后，还有宣传、欺骗甚至金钱利诱、武力威胁。安陵君的使臣唐雎跟秦王说理："安陵君受地于先王而守之，虽千里不敢易也，岂直五百里哉？"理是这个理，可惜秦王不听。唐雎最后不是靠说理说服了秦王，他挺剑而起，使秦王承诺不吞并安陵。美国哲学之祖皮尔士说，不断重复一个看法颇可收确立信念之效。戈培尔更有"谎言重复千遍就成为真理"的妙论。这些手段也许不够美好，但很难否认它们改变人们看法的效力。我们本来准备推举张三来当我们艺术研究院的主任，但有人愿出一千万元资助，条件是让李四做主任，我们不会改变主张吗？我们一定是见利忘义吗？利益不也可以是一种重要的理据吗？

## 二

那么，说理的优势在什么地方呢？我们会想，比起小说、电影、宣传、利诱，说理是最理性的，因为说理依赖于事实与逻辑的力量。小说可能影响这个人，却完全影响不了另一个人，而事实和逻辑有一种强制力，铅比铝重，$3 \times 7=21$，这些是人人都不得不接受的。

然而，我尝试说服某人，从来不是因为他不承认铅比铝重或不承认 $3 \times 7=21$。我们通常说理，并非严丝合缝地由铁定的事实与无瑕的逻辑组成。哪个深厚的看法能够充分还原为事实和逻辑？上帝存在的证明，上帝不存在的证明，共产主义必将到来或不可能到来的证明，都不是用"铅比铝重"或"$3 \times 7=21$"这样的方式构成的。

说理的依据，必须是争论双方都能够承认和接受的东西。但承认你的理据又怎么样呢？你的理据之外，还有千千万万理据。你我怀着不同的立场和希望，会选择不同的理据。以色列人要把耶路撒冷据为故土，自能提出强有力的历史依据；阿拉伯人要把以色列人赶出中东，也能列出一整批历史依据。事实纷繁，道理没有数学公式那么清晰，所谓事实和逻辑的力量，很难与能言善辩区分开来。英国大哲伯纳德·威廉姆斯说："'理性的强制力'几乎不可能与说服的力量完全区分开来。"我们的根深蒂固的看法，依赖于众多细微的、难以标明的线索，我们并不因为多一项理据少一项理据就必须改变看法。你滔滔雄辩，说得我哑口无言，可我仍然不愿接受你的看法——这一定是我不理性、不讲理吗？你用"逻辑"证明了我的两只手并不真实存在，但若我连我有两只手都不相信了，我为什么要相信你的"逻辑"具有不可抗拒的力量呢？无论无神论者举出多少事实为自己作证，笃信上帝的人仍然可以问：还有什么事实比上帝存在更加千真万确呢？

对人情事理懵懂无知，只是从学院捡来个什么理论几条法则，便以为自己掌握着逻辑的强制力，谁要不服，谁就是非理性的、不可理喻的生物。庄子最早讲到"服人之口"，说的不是通过威胁利诱让人口不敢言非，倒是"鸣而当律，言而当法"。与暴力、利诱、欺骗相对照，逻辑的力量是内在的，但与心悦诚服相对照，逻辑的力量是外在的。

生活世界中的说理从来不具有数学证明的强度。你说服我，是把我此前不接受的结论联系到我已经理解的道理上来。我虽然不曾想到这个结论，但它是可理解的，亦即，它合于我已经具有的对世界的理解，合于我所理解的世界。与其说说理的目的在于从智性上使对方臣服，不如说说理旨在创造新的理解途径，你的论证充当了重新组织我的理解的干线。我借助你的论证理解了这个结论，而不是被你的逻辑逼着接受它。我如果不明白在什么意义上我的两只手并不真实存在，你让我接受这个结论有什么意义呢？反过来，我本来为了证明市场万能开始了我的经济学研究，即使我最终的研究结果否定了我最初的看法，我也并不因此徒劳一场。

## 三

理当然不能只是一个人的理，但它也不是飘在天上与人无关的东西。理通过理解与人相连。我们不要只看逻辑的强制力，我们还要看理的渗透力或穿透力。说理需要与向之说者的自我连起来。深刻的道理要透达人心。

说理不仅不局限于一造说服另一造，甚至也不局限于相互说服。我们须更广泛地把说理理解为一个共同努力获得理解的过程。在这个基本意义上，你尝试加以说服的一方，他自己希求理解，希求真理。不愤不启，不悱不发。朱熹解曰："愤者，心求通而未得之意。悱者，口欲言而未能之貌。启，谓开其意。发，谓达其辞。"庄子视说服的至境为心服，心悦诚服，这不是虚悬过高的标准，而是阐发能说服人的真义。

"举一隅不以三隅反，则不复也"这句话，就连在"不愤不启不悱不发"之后。在一事上说服别人，尚不是说理的目的；说理的目标要更高些：通过在此一事上的说服，让对方获得理解，让对方自己获得理解的能力。说理的目标，若从根本上说，与其说是在此一事上让对方接受自己的看法，不如说是一种心智培育——说理是一种教化。

我们不要把目光总盯在说服他人达成共识上面。对说理来说，提升理解是首位的，是否达成一致看法倒在其次。哲学家虽然提供过很多美妙的论证，但他们并没有让我们获得共识。迈蒙尼德为上帝存在提供过出色的证明，谁由于这种证明信教或改宗？芝诺论证一番，结论是阿基里斯永远追不上乌龟，贝克莱论证一番，结论是外部世界并不存在，谁信过？还有关于共产主义社会必然到来的证明。伟大的哲学家没证明过什么，他们为我们理解世界开辟了新的道路。依此，我们也许就不会再因为哲学史中虽俯拾皆是精妙的论证却始终不曾把哲学家引向一致的结论而感苦恼了。哲学家那些精妙的论证为我们提供了对世界的新理解，但没有谁由此提供关于世界的唯一真理。

强势理性主义者把理当作摆好在那里的东西，无论什么时候拿出来，它都具有让人不得不接受的力量。自己手握真理，一番论证之后，持相反看法的人们自会弃暗投明。他们愚蠢地相信，听完他讲的道理，别人若还坚持相反的看法，那只能是因为他们愚蠢，甚至因为他们邪恶。我对这种态度充满警惕。他们的自大不仅来自对说理的浓厚误解，也来自远为世俗的方面——他们所持之理，是理学一统天下时的理学之理，是科学主义一统天下时的科学真理，是学院理论尽收国家基金和国际奖项时的学院之理。孔子的儒学与称王称霸的儒学是两种儒学。面对强势者的一套套道理，我们要说："你别跟我讲道理。"

"你别跟我讲道理"并非都发自强权者。事实上，尽管强权者心里一直默念"你别跟我讲道理"，他在这个时代嘴上倒不这么说，他倒是总做出一副颇有道理的样子。那些处在被说服地位的人，年轻人、女人、弱势者，也会说"你别跟我讲道理"，他们说这话时的含义与强权者判然有别。弱势者固然因无权无势而弱势，但他们也经常是因讲道理讲不过你而弱势。年轻人对一套一套大道理的警惕乃至反感，并非一概来自青春期的反叛心理。年轻人的自我正在成形，保持自我以让它自然生长至关紧要，需要的是培育，需要某些东西来辅助它的生长，而不是需要一套套泰山压顶的道理来把它从头塑造。说理亦有其境其时，这个"境"、这个"时"不是附加在现成道理之上的东西，它内在地构成说理。不当言而言，失言。

# 说与写

## 一

粗一想，书写好像只是话语的记录，有了庭审速记，有了录音整理，我们更容易这么想。然而，从源头上说，说话和书写更可能一开始是两个不同的系统，后来才会合到一起。反正，书写和说话有很多重要的不同之处。

两者最明显的差别，是说话要容易得多。邻居见面，家长里短，一会儿就各自说了一箩筐，写一两万字却很费劲，除非练就张旭那样的狂草，或者学会速记技术。放到在竹简上刻字的时代，"写"一万字费老工夫了。《道德经》五千言，《论语》不到两万字。大学里教书的开玩笑说，老子和孔子一辈子评不上副教授。

说话不用专门教，放在正常环境里，孩子长大了自然就会听说。读写却要专门教，现在教育普及了，从前，只要识文断字，就算"有文化"。哪个民族都有自己的语言，发展出文字的只有数得过来的几个。语言有几十万年的历史，书写的历史却不长，也就五千年吧。所谓历史就是有了书写的信史的历史，在此之前的人类生活称作"史前史"。我们的历史，我们的文明，主要是由文字和书写定义的。

史前民族的历史故事和观念体系，是通过口头一代一代传下来的，谁也不清楚十代以前的历史和观念是什么样子的，所知道的都是眼下这个版本。有了文字以后情况就不同了，每个时期的不同观念都留下了自己的版本，不同观念体系之间的差异，同一个观念体系在历史演变中产生的差异，都摆在我们面前。这种情势造就了一种颇为不同的心智。例如，造就了对既定生活方式的反省，对当前时代的批判。不妨说，在口头传统的时代里，人们生活在当下，而在书写传统里，人们才生活在历史里。

这种新出现的审慎的、反省的、批判的态度，差不多就是我们平常所说的科学态度。在一个没有书写的社会里，求真的科学态度简直无从发展起来。论者早注意到，唯当有了文字，各种各样的科学才能发展起来。例如，科学史家林德伯格指出，天文观测的精确记录几乎无法以口头形式传递，更别说证明费马定理了。不过，在我看，比这更重要的是，唯当有了书写，才能发展出反省的、审思的科学态度。

二

书写改变了人对过去和未来的态度。发明录音设备之前，话语也能流传，但流传开来多半会走样。我们都玩过传话游戏，十个人坐成一圈，传一圈回到你这里，往往面目全非。文字却可以从这里传到那里、从此时传到后代而不变样。帝王攻城略地，把自己的功业用文字刻在石碑上，让后世景仰。口说时代，好东西要求人们当时就认；有了文字，我们就不怕举世皆愚不认真货色了。今人不认又何妨？藏之名山、付诸后人可矣。

文以载道，反过来，不上道的东西就不宜落下文字。说说可以，立个字据就不肯了，白纸黑字太容易成为铁证。官场中人最晓得其中利害，无关痛痒的东西都印成红头文件，要紧的事儿都靠私下打招呼。

文字易于跨空间跨时间地传播，这是文字的最大优点，但什么优点都得付出代价。一个显而易见的代价是，传播开来的只是些干巴巴的文字。我们面对面说话，站着的姿态、坐着的姿态，目光，形体，气息，这些都是对话的一部分。无论何种言谈都需要质感的空间，梭罗专门谈论过对话者的适宜间隔，他关心的是崇高的话题，会话者需要多隔开一点，"以便我们身为动物的热气和湿气可在其间散发掉"。我们倒也能想象有些话需要和着体温啜嚅。面对面说话有着无法取代的丰满。大哲的书我读过几本，可惜没机会亲聆大哲的教导。读到大哲弟子的回忆，那种现场灵韵唯远隔云端怅然唶叹。读书也可想见其人，但似乎总是口授更能心传。在文本里，话语所从出的环境，话语里的抑扬顿挫都失去了。从前用毛笔书写，书写还是带表情的，后来用钢笔，表情就少了，改用印刷体和电脑打字，书写就完全没了表情。标点符号多多少少用来传达口气，可表情仪容千姿百态，标点符号才几种？

对话发生在具体的情境里，所说的好像只是一点儿补充、一个注脚。而在写作的时候，文字变成了主角，说话人、听话人、说话的环境成了配角。说话人知道他对谁说，什么时候说，为什么要说，为什么要这么说。对于写作，这些都成了问题。打个比方，以前的一件器具，一把剑啊，一个罐子啊，在匠人手里生长出来，他大致能看到它的整体，他知道这个器具是为什么人做的，会派上什么样的用场。相形之下，写作有点儿像工业生产，谁也不知道这本书最终会落到谁的手里。

大概就因为这个吧，中国的圣人孔子不写文章。希腊的圣人苏格拉底也不写，还专有一番关于只说不写的议论："一旦写成，每篇论说便会四处流传，传到懂它的人那里，也传到根本不适合懂它的人那里，文章并不知道自己的话该对谁说不该对谁说"。而且，读者发生了疑问，文章不会解释自己，不会为自己辩护，也不会修正自己。

当然，这番对书写的疑义是由柏拉图写下来传给我们的。禅宗主张不立文字，其实留下的文字也不少。真正不立文字的恐怕早已失传，连不立文字这个主张我们可能都不得而知。还是那个老矛盾：写吧，失去的东西太多；不写吧，"言之无文，行而不远"。

## 三

为了弥补这些损失，文字必须发展出一些独特的艺术。由于脱离了语境，写作就得把情境本身交代清楚，或者把话说得更加周全。写作需要而且能够使用更多的语汇。据查，表示"黑色"的中国字有九十八个之多。它们当然主要是书面字汇。我们平时说话所用的词汇，大概占不到我们书写时所用词汇的十分之一。冷僻的字，印在纸上读者能读懂，说在嘴里听众就不一定懂。"高兴"这个词，可以带着一百种表情和口气来说，不一定每次用个新词儿。

实际上，用词多了说话拗口，降低了表达力。爱掉书袋的朋友不明此理，满口子曰诗云，佶屈聱牙，听众要么糊涂，要么哂笑。相反，精美的写作会创造一种新的韵律，宫商体韵入弦为善。福楼拜写下一段，要在钢琴上弹奏出调子来，才算写定。

写作和言说要求不同的艺术。交谈像溪流，沿地势蜿蜒而行；写作更像建筑，谋篇布局，一篇文章之内就可以有复杂的结构、精巧的照应。话一出口，驷马难追，写作呢，不妨坐对青山慢慢修改。引用前贤，记不清，可以到古书里找出来。从读者方面看也是一样，复杂的句式，绕来绕去的理路，一遍没读懂，可以翻来覆去读上几遍。冷僻的用语，你可以找字典查一查。

写作和言说各有特点，擅长说话的不一定擅长写作，反过来也一样。据传司马相如和扬雄这些一等一的大文豪，都口吃不擅谈吐。写者和说者所要的环境也差不多是相反的。写小说的，写哲学论文的，常要闭关。讲话的人则总要有听众在边上。你对着一个人说话，除非是当老板的年头长了，否则总会给对方留下反驳的余地。写作的时候，一个人关在屋子里，难免顾盼自雄，或口出大言张狂不惭，或斩钉截铁带一种真理在握的口气。

闭门写作时间长了，会忘记写作本来是在交流。有的学者，台上念稿子的时候，满嘴听不懂的术语、连不上的句子，会议间歇，听他用普普通通的话重述他的观点，居然意思挺明白条理蛮清楚的，吓你一跳。写作到了这个份儿上，自然就会有人出来提倡浅显，语言学家提倡尤力。记得吕叔湘曾说，最好是这样——有人在隔壁朗读一篇文章，你听着以为他是在对谁说话。

说与写

提倡浅白，除了普及文化这种社会考虑，还有一层学理上的依据：口语是语言的不移的基础。要说明一种语言的实际语法，语言学家多半愿从口语中引用语例。朱德熙说，即使大家的文句，引为语例时也要警惕。我一般地同意文章要写得尽量明白，不过，如前所称，写作是一种独立的艺术，并非只是口语的替代物；它有多种分支，论理、宣言、七言长律，不可能听起来就像有人在隔壁说话。

## 四

我们中国的皇朝传统一向是书写重于言说的。好多个世纪，统治西方的王公贵族还是些文盲，咱们的官员却各个饱读诗书，写一手漂亮文章。皇太子幼小时起，就由名师硕儒来教读书写字，雍正、乾隆那样的皇帝，更摆出一副他最有理论、最有文采的模样。今朝中华文明复兴，我们又成了写作的大国，不计博客网聊，单说发表论文、出版专著，好像咱们又排到世界第一了。

大约五千年前，苏美尔出现了文字，约一千年后发展为楔形文字。大约也在五千年前，尼罗河谷出现了写在纸草上的象形文字。此后，使用青铜器的大部分地区都开始陆续使用文字。中国文字大概形成于夏代后期，殷墟发掘出了相当数量的甲骨文，而且殷人已经会用毛笔在竹板上记事。我们的文明就这样开始了。

五千年后的今天，这一以文字与书写为主干的文明，似乎正在徐徐落幕。早有眼明之人指出，我们已进入了图像时代。不只是图像、无线广播，尤其是电视，把说话再一次带到前台。皇帝们朱批圣谕，总统们通过电视对民众发言，当然，还有电视上的大讲堂。

固然，新媒体不仅传播图像和声音，也传播写作。不过，网络写作与曾作为文明主干的写作不同。从前，文章千古事，东西方各有自己的一批经典，四书五经也好，荷马柏拉图也好，曾是所有读书人的共同读物。几十年前，昆德拉已感叹作者多于读者，在我们的网络时代，更是如此。

网络写作不大像从前的写作，倒更像说话，即时发言，即时阅读，然后被新涌上来的话语浪潮冲散，真个随说随扫不留痕迹。这种新型的写作会造就一个什么世界，得留给网上写作网上阅读的青年朋友解答；相当肯定的是，这不再是我所熟悉的那种文明了。

# 民主作为"价值"

## 一

民主是不是一种普遍价值？一开始我们多半并不会提出这样的问题，本来，有些人主张中国应该采用民主制，但有人反对这种主张，认为民主不适合中国国情。他回应说，民主是一种普遍价值，不仅适用于外国，也适用于中国。两造争来争去，最后可能一直争成有没有普遍价值这种"哲学问题"。以相似的方式，人们争论人权或自由是不是普遍价值，基督教或儒家理想能不能成为普遍价值。

"世上有没有普遍价值"跟"保险柜里有没有金条"不是同类问题。要确定保险柜里有没有金条，你打开保险柜看一看，但你无法用相似的办法确定有没有普遍价值。金条是一种物体，你可以指着它说，这是金条。价值不是这样的物体，你不能指着什么东西说，这是价值。价值不是物体，是什么呢？是属性？金黄色是一种属性，你可以指着金条说，这是金黄色。尽管黄金价值很高，但你似乎仍然不能指着金条说，这是价值。"指着金条说""指着金黄色说"都成话，"指着价值说"听起来就很奇怪。金条看得见也摸得着，金黄色摸不着但看得见，价值却好像既摸不着又看不见。

看不见摸不着不等于没有。有人拿一根金条和一根巧克力让我挑一样，我挑金条，因为金条有价值。它怎么就有价值了？据说，它凝结着更多的平均社会劳动时间。我不懂经济学，没办法往那个方向深想。不过，价值的确像是跟社会有关。要是没有社会，满世界只有我一个人，我大概会挑巧克力。金条有价值，是因为我能拿这根金条到别人那里换到很多很多巧克力。没有别人，金条就没什么价值了。

价值依赖于社会，既不像"水由二氢一氧组成"那么客观，又不像"我想有一屋子金条"那种幻想那么主观，于是，人们争论价值是主观的还是客观的，甚至还有"主观价值""客观价值"这些用语。恐怕这些用语带来的麻烦多于它们想要解决的麻烦。黄金和民主有价值，都依赖于人类社会，但两者又有重要区别。黄金是不是普遍有很高价值，可以去做个调查；民主是不是普遍价值，这个办法就用不上。实际上，如果世上到处都在采用民主制，就没有谁再去关心民主是不是普遍价值了。

这里的普遍说的不是事实上已经是普遍的，而是它值得为我们所有人所希望。为了区别于事实上的普遍性，"普适价值"优于"普遍价值"，虽然在英语里两者都叫 universal。这里，我们关心的并非事情普遍是怎样，而是事情应该怎样，事涉应该怎样，"客观"这个词多半会误导。

## 二

在经济学里，在日常生活中，价值是个量，可以比多比少，黄金比白银值钱，白银比黄铜值钱。可是伦理价值、政治价值，好像不可通约，无法折算。常听人说，中国人、美国人的价值观不同，仿佛这就是争论的终点，不能接着问：哪个值得更多？"爱情多少钱一斤"这种问题，听起来怪犬儒的。爱情不是因为它能换来很多东西而有价值，它就是价值本身。生命也是一种价值，生命无价。当然，在实际处理事情的时候，我们也不免要衡量生命值多少。一个花季女生被李刚的儿子撞死了，除了其他种种要追究的罪责，还有民事赔偿一项，商量赔多赔少。不过，在一个很基本的意义上，我仍然要说，生命无价。有些东西，法律倾向于禁止买卖，生命、自由、婴儿、器官，有时还包括性服务。我不能出卖自己的生命，但我被车撞死了，法院不得不规定一个赔偿价格。

我们说到价值，有时因为它能带来某种好处，有时因为它本身就是好处，价值的这种歧义表现在方方面面。还说民主这种价值吧。常听人论证说，民主制有利于经济发展，有利于防腐败，这么一说，似乎民主是工具性的东西，要是有另一种制度，照样发展经济，甚至发展得更好，就用不着民主了。但另一方面，民主也可以是价值本身。例如，它给予草民以政治上的尊严。在给予草民以政治尊严这件事上，不能说公民尊严是目的，民主制是达到它的手段，就像下棋，不能说好玩是下棋的目的，下棋是达到这个目的的手段——下棋本身就好玩了，民主本身就是草民的政治尊严了。

为了躲开"价值"这个词的歧义，人们又发明了"绝对价值""终极价值"这些说法，用来称那些作为目的的价值，区别于金银铜铁值多少的那种价值。有的文章就以"民主是绝对价值"

为标题。词儿是越来越多，事情不见得越来越清楚。生命是终极价值吗？法律虽然禁止买卖生命，但我们可以为某件事情献出生命。那就是说，有某种价值比生命更终极？民主是绝对价值，是不是要说不管民主有没有好处，我们都应该施行民主？其实，民主本身可以是一种价值，同时又有利于促进别的价值。而且，即使因它本身而有价值的东西，似乎也并非完全不能比较。

人人小时候都知道裴多菲的这首诗："生命诚可贵，爱情价更高，若为自由故，两者皆可抛。"因其本身就是价值的东西不止一种，爱情、音乐、生命、自由、尊严、平等、信仰，都是价值。人们都说，现在是价值多元时代。其实从来没有什么人、什么时代只有单一的价值，不然就不会有人在两千多年前说出鱼与熊掌不可兼得的苦恼了。既然到处有多种价值，这些价值又不大可能兼得，就难免要有权衡有选择。

哪种价值是更高的价值，因人因时而异。自由和安全，如果大家都要（我估计都要），那它们都是普适的，不过，它们的权重不一定到处一样——有人把自由看得更重，有人把安全看得更重。民族之间也有差异，有的民族把自由看得更重，有的民族把安全看得更重。中世纪人把信仰和乡土看得更重，今人把富足看得更重。我们恐怕很难找到一种普遍的价值排序办法。而且，价值排序的做法天然地就有点儿外在，政治—伦理价值虽然有时也要分出轻重，但不像黄金、白银、黄铜那样可以放在一个单一的尺度上衡量。它们不仅各自有无法还原的品质，它们之间的关系也远比谁多谁少孰轻孰重复杂，有时这一样和那一样冲突，有时这一样和那一样互相促进。信仰和安全比较亲近，音乐与自由比较亲近，另一方面，自由与安全、平等与效率难免有点儿相克。

不过，在一个持存的文化里，各种价值终究要有个大致稳定的配置，形成一套价值系统。各个民族的价值系统或多或少有点儿差异。各种伦理—政治价值本来就不像金银的价值那样可以通约，价值系统之间就更不容易通约了。价值系统也是自古多元的，不独今日为然。然而，如上文所言，不可通约不等于完全不可比较。尤其不等于不能互相欣赏，不能从别人那里学习。我一向刻苦用功，一直被放浪于形骸之外、游走于昊天之际的朋友笑话，我呢，反过来一直希望他们超脱少一点儿，干活儿多一点儿。我们到头来谁也不曾改变了谁的价值观，但半世交往，互相影响，各自丰富了自己的心性。

泛泛说来，中国文化有一套独特的价值观。不过，这套价值观一直在调整、变化。无论你是佩服明成祖还是佩服方孝孺，你的价值观跟他们已经大不相同。而变化的一个来源是向别的价值体系学习。学习既可以是直接模仿他人，也可以是参照别人调整自己。

## 三

我们本来关心的，是中国是否应当施行民主制，或能否恢复儒家道德，其恢复是否有助于解决当前世界上的一些道德困境，以及诸如此类的问题；但随着思考和争论的推进，我们就可能来到有没有普适价值这种问题这里。

我的看法是，中国当前除了民主制，别无合理的选择。然而，我看不出这跟民主是一种普遍价值有多大关系。一、民主本身是一种价值，并不意味着它是脱离了历史环境的普适价值。在不同历史环境中，草民参与政治的欲求不同——要是我生活在唐太宗时候，我大概不会认为民主是一种重要的价值。二、即使大多数国家不认为民主"可欲"，照样可以论证民主对我们是好的，否则第一个民主政体怎么为自己提供辩护呢？在我看，论证中国是否应该并可能施行民主，用不着管民主普适不普适，若能表明民主制对我们是好的，那还不够吗？三、即使承认民主要求的普遍存在，还要看它占多大权重。你我都认为个人自由是好东西，但我认为自由绝不能违背父母的意愿，或者绝不能触犯对真主的信仰，这时，说你我都承认自由的价值，意思不大。

我与那些提倡普遍价值的人士，政治主张也许没什么两样，但我不觉得需要借道"普遍价值"来论证自己的主张。我相信，我们能为中国应当施行民主提供很多更切实的论证。我们去考虑民主体制的历史，多种民主国家的现状，它们在哪些方面有得、哪些方面有失，我们去考虑中国方方面面的实情。说到得失，我们去考虑民主制度对经济发展的作用是正面的还是负面的，在民主制框架下是否更容易建设有效的防腐败机制。我不会只从工具性来论证民主可欲，我还会论证说，民主制满足草民参与政治的欲求。前一类理由是工具性的，后一类理由把民主本身作为一种价值。民主本身就是一种价值，但这不意味着它是唯一价值，不为任何别的价值服务，不向任何别的价值妥协。民主带来好处和民主本身就是好处这两类理由相辅相成。

这些论证都跟民主是不是一种普适价值关系不大。要说它们跟民主价值的普适性有点儿什么关系，也许不如从反面说：民主体制没有那么特殊，特殊到只适合白种人采用。此外，有很多邻居都采用了民主制而且发展得不错，也算沾一点普适性吧。

所有这些论证，都已经承认民主不是绝对价值，并非绝不能向任何别的价值妥协。反对意见照样可以合情合理——即使反对施行民主制的人不能改变我们推进民主的决心，他们的反对意见仍可能有助于我们更加清楚我们要的是何种形式的民主，我们应如何推进民主。

# 哲学何为

## 一

我多年以来只会做一件事：读哲学，教哲学；最常被问到的问题是：哲学是什么？这个问题还真不好回答。哲学这个词像"文化"一样，到处用得。"己所不欲，勿施于人"是哲学，这种箴言人人都懂，人人都可以起而去做；罗素和怀特海合著的《数学原理》也是哲学，那本书里满纸是没几个人读得懂的公式和推导，跟我们的行为做事也没什么关系。随便打开一本哲学导论，你立刻看到十几种关于哲学的定义，从"揭示世界的本质"和"探究最普遍的真理"，到"反思自己生活的意义"。每个人还可以自己另外总结出几种来。

我相信，哲学的确没有唯一正确的界说。虽然如此，本文还是想试试回答"哲学是什么"这个问题，当然，只是聊备一说，读者若能由此得到些许启发就好。

先哲告诉我们，哲学旨在探究事物的所以然。你知道很多历史掌故，知道每个月物价的变化，但你不一定知道历史兴亡的缘故，不一定知道物价为什么会发生这些变化。知识多的人博闻强识，但只有懂得道理，知其所以然，才算得上真知。当然，知其然是知其所以然的基础，要懂得事物的道理，先要知道事物实际上是什么样子。大哲学家净是些博学君子。先哲有时也强调得鱼忘筌，甚至声称"为学日益，为道日损"，不过，这并不当真是说无须了解世界就能明理，只是在强调哲学旨在明理不在博学。

天下的事情，有些是有缘故的，有些只是偶然发生。你开车追尾撞了别人的车，这多半只是个偶然事故，追尾当然是你的责任，该道歉道歉，该赔偿赔偿；但若交警问你："你为什么撞人家的车？"你张口结舌无言以对。考试做错了一道简单的算术题，忘记钥匙放在哪儿了，一时失言冒犯了另一位客人，这些事情只是偶然如此，没有什么深层原因。当然，你也可能是有意撞人家的车，或有意说冒犯人的话，这些事故背后就有可以探究的缘由。历史上发生的事情林林总总，历史学家爬梳历史事实，略过那些无关紧要之事，发现那些意义重大的事情，勾勒出历史发展的前因后果。

我们会想，探究物价变化的原因是经济学家的工作，探究行星如此这般运行的原因是天文学家的任务，都跟哲学没什么关系。不过，这是今人的想法，从前，人们并不严格区分一门一门学科，凡探究重大事物背后道理的工作，笼统视作哲学。这倒不是古人分不清何为经济，何为天文，而是因为天下的事物尽管五花八门，但它们背后可能有着同样的道理。重物抛到天上会落下来，火星环绕太阳转圈，每天有潮涨潮落，这些事情看似毫不相干，但在牛顿力学里，它们都由同一个万有引力理论得到说明。据此想来，只要我们向更深的道理追问，各种事物的所以然就会连成一片。

说到底，哲学的最终目的并非探究此一事的所以然彼一事的所以然，而是要通过探究这些具体的所以然，最终达乎世界的深层原理。亚里士多德把古希腊的四元素说加以发展，土向下运动，火向上运动，水和气在土、火之间运动，这四种元素的本性说明了世上万物的运动。四元素理论不只是物理学理论，希波克拉底把四元素说改装成四种体液的学说，用来解释人的生理、心理、病理。古人相信，人理和物理是相通的。按照苏格拉底的想法，一切明理，归根到底旨在"认识你自己"。直到哥白尼，自然的道理仍和人世的道理掺在一起，他论证日心说，所列的一条理由是：低卑者环绕尊贵者转动才合道理。

统摄万事万物的道理是最高的原理，研究这些最高原理的学问，叫作形而上学。在形而上学里，万理归一。亚里士多德哲学是个无所不包的大体系，他的《形而上学》研究世界的根本原理，《物理学》研究自然界的根本原理，《伦理学》和《政治学》研究人和社会的根本原理。亚里士多德的大体系，虽有沉浮，但在此后的一千多年，大致作为标准的真理体系被接受下来。

## 二

当然，像亚里士多德体系这种无所不包的大体系不可能没有瑕疵，后世学者不断在这里那里发现漏洞与错误，不过，直到伽利略才从根本上质疑这个体系。笛卡尔、牛顿等人群起响应。经过这批新哲人的努力，诞生了近代科学。

近代科学诞生的故事一言难尽。这里要说的是，新哲人对所以然的理解，发生了根本的改变。我们本来在多种多样的意义上问一件事情的所以然。我们问钟表的指针为什么转动,得打开表盖,查看里面的齿轮发条,这里问的是钟表的机制;我们问武松为什么杀死潘金莲,问的是他的动机。前面说,你开车追尾,交警不会问你为什么,因为你并没有追尾的动机,但是交警可以在另一意义上问为什么,比如车速过快或刹车失灵。究竟有多少种为什么,至少得写一篇博士论文来加以讨论,不过,我们大致可以把为什么分成机制和理由。顾城把妻子杀了,就算刑侦人员把他怎样实施谋杀的每一个细节都调查清楚,甚至生理学家把顾城当时的内分泌变化都调查清楚,我们可能还是不明白他为什么会做出这样的事来。

古人追问事物的所以然,并不把机制和理由分得清清楚楚,这多多少少是由于,在古人看来,事物之所以具有这样那样的机制,本来是有理由的。这有点儿像我们在研究生物机理时的想法,长颈鹿为什么脖子这么长?我们是在问长颈鹿脖子越来越长的机制,但这个机制背后还有一个进化论的理由。而伽利略革命的一个根本之点,恰恰是要把机制和理由区分清楚。伽利略明确宣称,科学只问事物的怎样,不问事物的目的和理由。前人把这两种所以然混在一起,结果,对世界的认识始终含含混混,不可能取得实质性的进步。

从前,天下形形色色的道理是通过理由连成一片的,现在,科学放弃了对理由的追问,但科学并非退回到零零星星的所以然。科学也追求整体性,不过,这个整体不再是网络式的融会贯通,而是建筑式的层层还原。世界这个大机制的最基础的一层是量子物理学,其上是化学,其上是生物学,其上是生理学,其上是心理学。每一个层次的所以然，由下一个层次的所以然来解释。粉笔为什么是白的？因为粉笔是由碳酸钙做成的，碳酸钙吸收红外波段和紫外波段的光线，不吸收可见光，所以，各种可见光都从粉笔反射回来，合在一起就是白色。为什么碳酸钙只吸收不可见光呢？因为原子和分子所吸收的光子的能量必须与它们自身能量级别之差相应。为什么原子和分子的能量级别是离散的？这要用描述原子和分子行为的波函数方程来解释。

这一层一层构成了世界的整体机制，世界就是这样一个大机器，这个世界机器没有目的。天下的事情不再被分成有些事情有缘故、有道理，而有些事情只是偶然如此。在一个层面上偶然如此的事情，从更基础的层面上看，其实"必然如此"。你好像偶然忘记钥匙放在哪儿了，但我们可以在潜意识里找到遗忘的原因。

科学取得了巨大成就。这还不仅是说，现代工业没有哪个部门不依赖科学，而且，科学使我们对世界有了崭新的理解。然而，在科学所刻画的世界里，没有理由，没有目的。从前，世界的存在是有意义的，日月星辰、山川草木就像我们的家园。现代人常感叹意义的失落，原因多种多样，但我们现在对世界的整体理解肯定是最重要的原因之一。

我们不能为此责怪科学。科学旨在求真，有目的就是有目的，没有目的就是没有目的。草生出来是为了喂羊，羊长肥了是为让人大快朵颐，人是世上最高级的存在，上帝造出这个世界来为人服务，这种想法不管多么令人安慰，却并不怎么靠谱。

## 三

今天还有没有哲学？如果有，还是不是从前的哲学？

从前，哲学探究世界的所以然，是把事物的机制包括在内的，如今，这部分工作完全由科学去做了。早先，哲学家通过道理的推衍来设想宇宙的宏观结构和物质的微观结构，科学则通过严格演算和实验来确证这些。今天，人们要了解这些事情，一定去请教科学，不会再听哲学家的玄想。在提供世界机制理论这项任务上，科学早已取代哲学，何须霍金今天来说哲学已死。

但关于事物机制的思辨从来不是哲学的主体。哲学探究事物之所以如此的道理，尝试贯通这些道理，一开始就不是出于纯粹求知的冲动，而是通过求知领会人生的意义，解答"什么生活是良好的生活"。要是不知道人这样做那样做的道理，我们就无法理解人类行为；要是不区分有道理的行为和没道理的行为，我们就失去了判别是非曲直的基础。哲学思辨上穷碧落下黄泉，却始终维系于苏格拉底为哲学提出的核心任务：认识你自己。

在这个核心处，今天的哲学与古代哲学仍一脉相传。并不因为有了科学，山川草木就成了一些只可由科学加以研究的机制；斗转星移，春华秋实，仍然是我们了悟道理的源泉。实际上，"认识你自己"从来不是指盯牢自己的肚脐眼，我们只有在广阔天地中才能达到真实的自我认识。万物并非只因为能为人服务才有意义，江上清风山间明月，它们自在存在，我们悠游栖居在自在的江山之间，生活才有意义。世界如果变成了只供人利用的资源，人自己也失去了意义。

科学并不取代哲学，但科学的确改变哲学。我们今天不再能够用假想的"高贵野蛮人"来论证自由的价值，不再能用行星的圆形轨道来论证自律的必要。这并不意味着自由和自律只是一些没道理的偏好，而只意味着我们必须为自由和自律提供更加切实的论证。人类生活不可能离开说理，只不过，有了科学作为参照，哲学获得了更加明确的自我意识，意识到没有什么还原方法可以把我们领到不移的终极道理，贯通道理的目标并不提供终极的世界图画。还原论以及与之相联系的建筑隐喻不属于哲学，道理以网络的方式联结，哲学是一场生生不息的对话。

# 我们这一代

谁是我们这一代？社会学家有他客观的尺度，我呢，只是从一己的视角来看。我 1952 年生在上海，六岁在北京上小学，知识分子干部家庭，这大致划出了我着眼的"我们这一代"。有一种说法，叫做"老三届、新三级"——"文化大革命"时的中学生，恢复高考后的七七、七八、七九级大学生和研究生。这种说法，大概既有点儿客观也有点儿个人，我的朋友、熟人差不多都在这批人里。

## 一

鼎革之后，发生了很多大事件："镇反""三反五反""公私合营""反右""大跃进"。我记事晚，这些等于没赶上。我们这些红旗下的蛋，开始切身记得清楚的，是三年"自然灾害"。那时候，不知道"反右"反得全民噤声，"大跃进"才会无人敢阻挡，"大跃进"又带来了"自然灾害"，只知道忽然饭不够吃了，没肉了，没油了，没菜了。国人发挥自己的聪明才智，发明了一种叫作小球藻的东西，据说营养丰富，可以代肉。我现在还记得那味道，我们小时候，吃东西不挑不拣，即使如此，下咽也觉困难。课上到第三节，已然饥肠辘辘，只惦着午饭的钟点，全然听不进老师在黑板前嘀里嘟噜讲什么。不过，那时候没什么抱怨。一切思想感情都是从接受事实开始的。你要是生在三色犬家族里，不让你吃肉你就难受；你要是生在草鱼群里，成天吃小球藻就是自然而然之事。没有比较就没有苦乐，我们不知道成百万成百万的农村人正在饿死并因此不知道自己其实是些幸运儿，我们倒是听说世界上还有三分之二的人民生活在水深火热之中等着我们去解放，因此产生出体积不等的自豪感和幸福感。

北京是个移民城市，最新一代的移民住在机关大院里，部委大院、军队大院、高校大院。没谁有自己的住宅，都住宿舍，单身的住集体宿舍，拖家带口的住家属宿舍，大床小床桌子椅子借自单位，暗角贴着单位的标记纸条。家属宿舍建在办公区边上，溜溜达达上班，不用堵车。跟上海比，北京土多了。甘家口向西，现在的阜石路，那时是条土路。我们轻工业学院在路北，钓鱼台在路南。那时还没有国宾馆，没有七号院，是一大片荒荒的水面，被密密的苇丛以及苇丛中的蜿蜒小路隔开。湖靠我们这面是些土坡，长着松树、槐树、枣刺。上学前，一清早，我跟着哥哥嘉曜到那些土坡上打兔草，我们在住宅小院前后养兔、养鸡、种向日葵。放学后，戴着红领巾，穿过机关种植的大片蓖麻，我们到湖里去游泳，在树林草丛里追打跑闹。没有电子游戏，没有卡通片，也没有奥数班、钢琴课。

# 二

我们年轻时，有几个跑到缅甸打过游击，后来又有几个参加过中越战争，大多数人没经过战争时期的兵荒马乱，但我们遇上了"文化大革命"。古今中外，遇上过战争的人多，遇上过"文化大革命"的人少。那真是千年不遇的历史，因为历史很少把所有条件都凑足——一个说一不二的领袖，想到用他的亿万子民做一场史无前例的政治实验，而他的亿万子民此前已被教育成为唯领袖是从的民族。

按本朝的学术体例，凡发生过的事情，似乎都不太光彩，须列入研究禁区。但"文化大革命"是我们这一代的少年时期，只要说到这一代，怎么也绕不过去。可惜，禁忌既多，难得全景。例如，后人读到老干部挨整挨斗，读到读书人受辱跳河，却不很了解，"文革"中受苦受难最甚的，其实仍然是此前十七年一直受苦受难的罪人。

身为实验品，也身为实验者，我们这一代从此离开了正常的人生道路。狂热席卷青少年的心魂，千百万人在光天化日之下同享高潮。天空永远碧蓝，红旗永远鲜艳，歌声永远嘹亮。这永远的白昼隔离开另一边永远的黑夜，不愿归在狄奥尼索斯名下的腐尸、流血、呻吟。

我们这些teenagers（青少年），满脑子都是军国大事，想都没想过安身立命的事儿。父母挨斗被抓，我们十四五岁就开始当家做主，就乘坐伟大领袖提供的免费火车遍走新疆云南广东。没有永远的狂热，早在上山下乡之前，我们这一代中的先知先觉，就对那个时代产生了深深的怀疑。那时候,议论中央领导人,表达异端思想,轻易就被判刑甚至处死。然而就在那时,我开始从兄长们那里听到,彭大将军为民请命,结果天庭震怒,听到成千上万黎民饿死在几年前,而那时并没有什么特别的自然灾害。一个个故事或事实在压低的声音、含混的吐字中流传。你知道国王长着驴耳朵,你忍不住要告诉别人国王长着驴耳朵。夜已深,将要四散的同学们东一处西一处坐着站着,谁拉起了手风琴,惆怅的音调唱起:有人说,你就要离开故乡,想一想,红河谷你的故乡,想一想留给我的悲伤。

## 三

我们来到内蒙古,种地、牧马,跟农牧民摔跤、喝酒。

我们偷鸡摸狗,打架斗殴。我们读托尔斯泰,读黑格尔,在田头土坑的阴影里,在灶台边的油灯下,学俄语,学英语,学高等数学。唱俄国歌。听贝多芬,七十八转的手摇唱机,胶木唱片,用竹制毛衣针削尖的唱针。

后生听了这些,脱口而出:浪漫。比起习题备考然后朝九晚五,那是浪漫吧。初次收割谷子,一天下来,腰累断了,手掌上的皮磨掉了,回到青年点,女生一个个痛得眼泪汪汪。第二年,临近秋收,一场大冰雹毁了田里的一切,接下来的一秋一冬一春,三顿苞米楂子,拌上从北京带来的辣椒粉下咽。当然,有点儿困苦是另类浪漫的条件。正宗的浪漫是带上一束红玫瑰,乘电梯到江滨大厦的顶层旋转餐厅,在亮晶晶的玻璃杯里,为你新结识的女友斟上法国葡萄酒。好奇怪,"浪漫"

这同一个词可以用来称呼那么不同的事情。

受苦不总该受到诅咒。事后，是苦难而不是康乐，成为引人入胜的故事。因为苦难给予生活以深度。但那是修成正果者的苦难，苦难因为它的成就而获得意义。却有一种受苦是自找的。我们这代人曾发展出苦行主义的小小萌芽——中国乐感文化的异数。我们为《牛虻》、为车尔尼雪夫斯基笔下的拉赫美托夫所吸引，劳其筋骨饿其体肤，睡在碎石上，洗冰水浴，一天跋涉六十公里，冒着倾盆大雨登山。图什么？我说，苦行为精神的力量作证。尼采说，人生充满苦难，更苦的是这些苦难没有意义，苦行者以自己的意志求苦难，从而赋予生活以意义。

部分地由于这些苦行倾向，我们被视为或竟自诩为理想主义的一代。如果去得掉这个词的褒义和贬义，我更愿意把它用于我们的父辈。我们年轻的时候，肯定是有理想的。这在很大程度上是因为，那个时代如此不正常，很难把它认作长久的现实，先知先觉者早就开始为根本变革卧薪尝胆。这是理想主义吗？对现实的批判是明确的，所附丽的理想则多种多样。而且，那个时代的现实一直头戴理想主义之名，于是，我们这一代则毋宁说是反愚忠的、反理想主义的理想主义。八十年代中，我们之中的年轻一伙开始了俗称为"后现代"的思想观念行为。我们骨子里有至为严肃的东西，却也有点儿不恭，有点儿管他娘，我们究竟是什么人，在很大程度上要看哪一种元素驾驭了另一种元素。

上面说到，我们之中的先知先觉早已经发展出基于真相的批判。我们从各种途径了解世界的真实情况，例如"偷听敌台"。但主要的，我们阅读。回忆文章中几乎篇篇会提到当时内部发行的灰皮书、黄皮书。实际上，仅仅阅读古典，阅读歌德和托尔斯泰，就会引人进入对健康人类精神的理解，从而反过来对当朝形成批判。志同道合的年轻人分散在黑龙江、内蒙古、云南、海南，以及河北的白洋淀，在政治高压之下，形成了一个一个小小的圈子。有不少散落在各地的牢房里。偶然相遇，发现我们偷偷读的书竟是同样的。共同阅读形成了这一代的强有力的纽带。那个时代，我肯定，是最后一个共同文本的时代，最后一个主要由文字阅读培育精神的时代。就这一点而言，我们的青年时代更像朱熹的时代，更像阿奎那和伏尔泰的时代，与我们后半生的时代离得更远。

到了七十年代中，年轻人聚在一起，不抨击时政，不骂骂江青和她的同伙，会显得太幼稚浅陋，尽管专制的残酷毫无松动。1976年是我们这代人的里程碑。周恩来、朱德、毛泽东都在这一年去世。春天，爆发了"四五运动"。夏天，唐山大地震。秋天，"四人帮"被抓。中国这座大座钟的钟摆在一个方向上摆到了尽头，开始摆向另一个方向。又过了一年，我们陆续踏进大学校门。十年的社会生活，是失去的十年，抑或我们最宝贵的财富？在这一代大龄学生面前，敞开了新的地平线，没有多少人在前面挡路，毕业后五年十年，成了大企业家、各级领导、名作家名导名教授，留洋科学家，或著名边缘人。终于，我们各就各位，地位、利益、观点逐渐分散，"这代人"这个词不大用得上了。

## 四

我们这一代，经历了两个世界。我们小时候，丢一支铅笔都会遭到责备，现在，中国马上就要成为世界上最大的奢侈品消费国度。年轻时，我们很少谈到选择，我们被生潮业浪抛掷，所能做的是在不由自主的处境中坚守自己的品格。现在的青年，每一步都须权衡选择，所要担心的反倒是在一步步最优选择中失去了自己。

我们曾经追求政治自由，如今，一些人已经身居国家机器的顶端。我们曾经以清贫艰苦为荣，如今，一些人身家亿万。我们曾经热爱真理，如今，一些人主持着各式各样的国家项目。真理、自由、品格，不像我们年轻时想象得那样单纯、那样简单，它们要通过不断融入现实才能实现。但若我们这代人自得于今朝，任我们曾经有过的精神力量流失，凭你身居高位，凭你福布斯名列前茅，凭你在各国电影节上获奖，我们仍只是过气去势的一代而已。

# 辑二

说我们做这做那是为了追求快乐,把快乐当作行动的目的,甚至当作生活的总体目的,不仅是职业哲学家的主张,这些说法首先来自我们每个人身上的哲学;也正因此,澄清这类说法才重要,才有意思。单属于哪个哲学家的错误,我们不感兴趣。

# 快乐三题

### 快乐好不好？

据亚里士多德，第一个把快乐和善好等同起来的哲学家是尤多克索斯（Eudoxos）。这一类哲学家被称作"快乐主义者"。柏拉图的《斐莱布篇》里的斐莱布就是个快乐主义者，虽然那多半是个虚构的人物，但快乐主义那时一定相当流行，柏拉图因此才花大篇幅加以讨论。近世则有功效主义或曰功利主义把善好和快乐等同起来。当然，这里所说的"快乐主义"是一种哲学主张，并不是街上不问哲学一心吃喝玩乐的那种实践快乐主义。亚里士多德告诉我们，尤多克索斯生性节制，不溺于享乐。最出名的快乐主义者是伊壁鸠鲁，他说："我们说快乐是主要的善，并不指肉体享受的快乐，使生活愉快的乃是清醒的静观。"[1]这难免让人怀疑，哲学家所说的快乐和我们平常所说的快乐能不能同时都叫作"快乐"。

快乐主义有两个主要论据：第一，所有人甚至所有动物都追求快乐；第二，快乐不是作为手段而是为其自身被追求的，"一个

---

[1] 《古希腊罗马哲学》，商务印书馆，1982年，第368—369页。

人在享乐的时候没有人问他为什么享乐"。柏拉图在《斐莱布篇》里评论说，这最多说明快乐是诸善之一，不能说明善就是快乐（最多证明了这个。实际上，苏格拉底强调指出快乐有很多种，其中很多种快乐是不好的）。快乐是不是好的，是一个问法，快乐是否等于善好，是另一个问题。除了快乐，还有智慧，而智慧比快乐更值得追求。当然，智慧和快乐和合是最好的，那就是至善了。亚里士多德引用了柏拉图的评论，并大致表示同意。

快乐似乎的确是我们所追求的。荀子在他讨论音乐的一篇开首就说："夫乐（音乐之乐）者，乐也，人情之所必不免也。"（《荀子·乐论》）这一点似乎可从"乐"这个字上看出来。乐的一个主要意思就是喜欢、愿意去做、乐意，例如安居乐业里的"乐业"：有人乐于他的事业，乃至乐此不疲。结晶在词义里的道理是些很基本的道理，不过，要正确领会、正确表述这些道理并不容易；尤其当我们要构建自己心爱的理论，更可能有意无意间乐于被字词释义误导。从乐业、乐此不疲这类说法也许引不出我们追求快乐，它们简简单单就是说快乐地追求要做的事情。果若如此，重心就落在了所追求的事情上，快乐不快乐只是附从的。

这大致是亚里士多德的看法，他说，快乐是不是好的，完全取决于与该快乐联系在一起的活动：高尚活动带来的快乐是好的，可鄙活动带来的快乐是坏的。亚里士多德在他的《伦理学》里一开始似乎接受了快乐至少是一种善好的说法，但在后面的论述中，他也多处谈到"可鄙的快乐"。孔子也区分了不同的快乐，说"乐节礼乐"是有益之乐，"乐晏乐"是有损之乐，这也是从所乐的活动着眼的。

有人也许会觉得应当把可鄙的活动和它带来的快乐分开来，可鄙的活动当然是不好的，但它们带来的快乐并不因此改变性质。贪污当然是不好的，但贪污到手里的钱币值不变。我相信，这条思路包含一个不大容易看到但事关紧要的错误。这一点且不去深谈，这里只想说，我们有个直觉：强奸和虐杀是恶行，谁若竟因此快乐，很难再说那快乐本身是好的。一般说来，我们不愿这样说，自有不愿这样说的道理。

功效主义者也许会争辩说，虐杀这样的事情本来不会让人快乐，只会让人不快乐。边沁、密尔都是高尚君子，他们似乎不能设想作奸犯科也能让人快乐，但作奸犯科而仍然高高兴兴的人也不在少数。就算讲到正派君子，上述争辩似乎也倒果为因：大概是由于有了这样的风俗、习惯、法律，他们才会因为作奸犯科抵触了这些而不快乐，却不是因为要防止我们不快乐，人类才制定出法律等来禁止这些活动。如果这些活动天然就让所有人都不快乐，恐怕就不用制定法律来加以禁止了。当然，若人人都是边沁、密尔那样的高尚君子，不会因粗鄙恶劣的活动快乐，那么剩下的只有高尚的快乐，快乐也一定是好的了。

亚里士多德同样着眼于与快乐联系在一起的是何种活动，来区分快乐之为善好的品级，理知活动高于视听，视听高于吃喝，据此，视听的快乐高于味觉、触觉的快乐，理知活动的快乐高于视听的快乐。今天也许有很多人不肯认为理知高于吃喝，不过这并不影响快乐的好坏和等级取决于因之快乐的活动这一基本论题。

这样一来，我们就只能问这种快乐好不好，不能泛泛地问快乐好不好了。的确，我们会问骄傲这种性情好不好，却不会泛泛问性情好不好；会问埋头读书这种做法好不好，却不会问行为好不好。然而，这个类比不尽恰当。行为和性情更多的是描述性语词的范畴，快乐与此并不同类，而是含有很强的评价意味。作为评价，快乐的确和善好是同一方向的，同样是正面的。因此，"虐杀的快乐"不仅是可鄙的，这话听起来都别扭，不像"有朋自远方来"之乐来得顺耳。而且，人们说到很高的境界，最高的境界，倾向于说它快乐，人们说"孔颜之乐"，不说"孔颜之苦"。庄子那般的高人，本来是"哀乐不能入"的，乃至于说："悲乐者，德之邪也"。不过，我们也读到，超然于悲乐之外，融身于未始有极的万化，毕竟是乐，且其乐不可胜计。这种乐，谓之天乐、至乐。至乐不同于为轩冕而乐的得志小人之乐，自不待言，不过还是乐，不是苦。

高尚的活动本身就快乐呢，抑或高尚的活动另外还需要附加快乐？亚里士多德多次说：快乐使行为变得完满。没有活动，快乐就不能生成，但唯有快乐才能使每一种活动变得完满。这似乎可以理解为，人们在追求优秀的同时也追求快乐。不过，亚里士多德更多的时候看来是主张高尚的活动本身就快乐。"至于我们到底是由于快乐而选择某种生活，还是为了某种生活去选择快乐，目前且不去管它。两者是紧密相连的，看来谁也不能把它们分开。"

柏拉图和亚里士多德强调德性和智慧，但也不排斥快乐。亚里士多德之后，希腊的社会情况有巨大变化，希腊人的精神气质也变化很大。斯多葛派的兴盛是突出的一例。他们只求德性，不求快乐。快乐主义者等同快乐和善好，斯多葛哲学家马可·奥勒留皇帝则认定，快乐和痛苦无关道德，因为善人和恶人都会有快乐，也都会有痛苦。斯多葛哲学家分析说：并非因为德性带来快乐，我们把德性叫作善好；而是因为我们把德性叫作善好，所以德性也带来快乐。这话的后一半似乎是说，我们说德性生活是快乐的，这差不多是个比喻，德性之为有德者之所求，可类比于快乐之为俗人之所求。

至基督教兴起，尘世快乐不仅不与善好合一，倒多半含有罪孽的意思。不过，快乐是好的这种想法很难根除，《新约》里还是保留了不少表示快乐的希腊词，用来表示敬神的愉悦和欢乐。在我们曾经的一个时代，享乐也同样成为罪恶，很多正面的语词停用，美感、爱情、人情、善良之类都不大听到，但快乐、幸福却仍常用：见到毛主席，无比快乐；共产党领导下，幸福万年长。

快乐究竟是好是坏，这个争论一直延续到现代。英国功效主义者把快乐等同于善好，尼采嗤之以鼻：追求快乐并不是人的天性，那只是英国人的天性。他认为快乐和痛苦没有道德意义，以快乐和痛苦来评定事物价值的学说是幼稚可笑的。尼采是庄子一路的高人，一路贬低快乐，像超出善恶一样超出悲乐。但在他那里也像在庄子那里一样，这份超然也是乐，至乐：人谁不求快乐——"痛苦深深；快乐，呃，更深于刺心的悲痛。痛苦说：走开快乐，一切快乐，却意愿永恒，深深的、深深的永恒"[1]。

于是，我们有了三个论点：快乐是好的，快乐是坏的，快乐无所谓好坏。哪种论点最有道理，留待读者明判。

---

[1] 尼采，《查拉图斯特拉如是说》，尹溟译，文化艺术出版社，2003年，第367页。

## 快乐能否比较？

功效主义把快乐当作生活的目的。要比较一种行为是否善好，就要看它产生不产生快乐，产生的快乐有多少。这样一来，我们似乎就必须能够从量上对快乐加以比较。这个论题最容易被人挑出毛病来，很多批评功效主义的论者都会对此质疑。

同类的快乐已很难比较。你我都好喝酒，今晚各饮五粮液一瓶，谁更快乐？快乐可能有很多维度，边沁列举了强度、持久度、明确度、远近、后续（后续的是苦还是乐）、纯度、广度（涉及的人数多少），我们还可以加上丰富度，等等。我们也许可以在同一维度上比较两个快乐，但维度之间怎样折算，例如，长远的强烈快乐是否等值于眼前较弱的快乐？

快乐还有种类的区别，美食和美色，哪样给人带来更大的快乐？逗小女儿玩的快乐与"引刀成一快"的快乐，更想象不出怎么来比较。

快乐之间很难比较，何况还要比较快乐和痛苦。我的快乐引起你的痛苦，怎样衡量我的快乐大还是你的痛苦大呢？我以苦为乐，或者干脆是个受虐狂，如何计算其中苦多还是乐多？

一般说来，哲学从不关心纯粹量上的计量和比较。除了功效主义理论在逻辑上要求信从者比较快乐的量，其他所有理论，若说到快乐的比较，都是指种类上的比较，不是量上的多少；而种类上的比较，则是为了定出品级高低。最常见的分类是分出肉体快乐和心灵快乐。在一代代儒者那里，心灵快乐高于肉体快乐，孔颜之乐高于白痴之乐，是显而易见的，虽然今人眼俗，乐得其道和乐得其欲哪个更高，时不时还有点含糊。

一旦量化，比较起来就容易了——量化本来就是为了比较。但不同种类之间的快乐如何比较高低，的确有点难度。或曰，这要两种快乐都经历过的人才能判定。曾经沧海难为水，这话虽不无道理，但孔颜又似乎很难经历白痴之乐。

庄子的小知之乐和大知之乐也可以归于这一类。井蛙在干泥塘跳跳蹦蹦，吾乐与！这种小知之乐，东海之鳖当然看不上眼。但又何妨？常听人说边远山区的山农虽一贫如洗，但他们比饫甘餍肥的城里人快活。

这差不多等于说，快乐是纯然主观的东西，我觉得快乐就是快乐。人不堪其忧，颜回兀自快乐他的。纯然主观的东西当然无法比较。

所有这些，用理论家的话来概括，就是快乐（以及痛苦）不可公度。上述种种方面的不可公度，都甚显眼，然而，人们似乎仍然忍不住想要比较快乐。我们刚才提到，亚里士多德在考虑快乐的时候，主要着眼于我们因之快乐的活动，而不是快乐本身。也许我们通常不是在比较快乐的性质和品级，而是在比较行为活动的性质和品级，或至少是着眼于活动来进行比较。一般说来，快乐不是一种可以从因之快乐的活动分离开来测量的心理量。

活动不仅有种类的不同，更有善恶之分。美食美色的快乐，种类不同，很难公度，但它们都是些无害的快乐。虐杀、强奸的快乐，似乎更无法与无害的或者健康的快乐通约。若要像功效主义那样计算快乐总量，我们要不要计入这些"邪恶的快乐"（尽管要减去受害人的痛苦）？强奸的受害者是否可能经历身体上的快感？若有，是否也要计算在人类的快乐总量之内？在虐杀、强奸这类事情上，计算快乐的总量听起来真有点恶劣。我绝不是在暗示功效主义伦理学家是邪恶的。这一学派的学者，至少早期那些学者，如边沁、密尔，多数是可敬之士。咱们对事不对人。

## 快乐是目的吗？

传统上关于快乐的讨论引发了很多困难，产生了不少无稽之谈。这些困难和荒唐林林总总，却有个根子，这个根子就是把快乐当成了行为的结果，再进一步当成了生活的目的。哲学上的快乐主义如此主张，功效主义也如此主张。弗洛伊德在心理学里也如此主张，他以"快乐原则"名之："看来我们的整个心灵活动都决意要求取快乐而避免痛苦，自动地受到快乐原则的规制"。[1]

说我们做这做那是为了追求快乐，把快乐当作行动的目的，甚至当作生活的总体目的，不仅是职业哲学家的主张，这些说法首先来自我们每个人身上的哲学；也正因此，澄清这类说法才重要，才有意思。单属于哪个哲学家的错误，我们不感兴趣。

吃喝常被引为求快乐的活动。然而，平常吃饭喝水无所谓快乐不快乐。说为了快乐吃饭喝水更不着调。且不说吃饭喝水不一定快乐，即使进行以及完成一种活动会带来快乐，仍不等于我为快乐去做这件事情。打球、读书、吃饭、睡觉、帮助别人、吸烟，哪种活动我们会说，我是为了快乐做这个的？受虐快感还谈得上

---

[1] 弗洛伊德，《精神分析引论》，高觉敷译，商务印书馆，1984年，第285页。

是快感，但一个人在万般苦痛中求生，却不是出于快感也没有获得快感，他简简单单就是在求生。为了营救含冤入狱的儿子，荡尽家产，毁了身体，也不是为了儿子一旦出狱时的那份快乐。

有些哲学家觉察到了这一点，他们较为谨慎地申言，人生的目的不是为了追求快乐，而是为了避免痛苦，或者说，所谓快乐，无非是避免痛苦。饿了不得吃、渴了不得喝，会难受、痛苦，解除这些难受是快乐。暑天跋涉，到一泓清泉畅饮，的确爽快。然而，把这番畅饮说成是为了消除痛苦，或为了消除痛苦从而获得快乐，就像把平时吃饭喝水说成是为了快乐一样不得要领。渴极了喝水和平常喝水一样，是为了解渴，不是为了快乐，尽管前者更感快意。

一个让你愉快的人和一个让你讨厌的人同天下午约你。你去见前一个人，你是为了愉快去见他吗？结果你决定去见后一个人，他虽然令人讨厌，却有重要的消息要告诉你。这时候你说，我是为了那个消息去见他的。回过来对照，你见前一个人，并不是为了什么，但你也许会从句法上对照说，我是为了愉快去见前一个人的。

这一点，斯多葛学派已经明见，詹姆斯也注意到了，他区分"快乐的行为"和"追求快乐的行为"。我们的活动得以实现，由此会产生快乐，这种快乐本身有时会变成被追求的目的，但不能由此推论出我们随时随地都是在追求快乐。

职业理论家，以及我们自己身上的"理论家"，总想用一种东西，目的，或欲望，或什么别的，来解释人的一切活动。人家踏春嬉游，你苦背英语单词，他就说你是放弃眼前快乐追求长远

快乐三题

快乐；人家吃喝玩乐，你去救助灾后伤员，他说是因为你觉得给这些伤员倒屎倒尿比吃喝玩乐更快乐。要是信服了这样的理论，倒屎倒尿就变得比吃喝玩乐更快乐，我觉得倒不妨相信这样的理论。

# 快乐四论

## 快乐与利益

把快乐和善好等同起来,认为人生的目的就是追求快乐,被称作"快乐主义"。快乐主义者并不否认,在现实生活中,我们不能一味快乐,而是不得不经常去做很不快乐的事情。对这样的实际情况,功效主义者解释说,那是我们因了长远的快乐,放弃了眼前的快乐。弗洛伊德则用"现实原则"来加以解释。性本能和自我本能原本都是求快乐的,但自我本能比较乖觉,很快就受到必要性的影响,开始修正快乐原则,臣服于现实原则。不过,这个现实原则,"归根结底也是在追求快乐——尽管是一种被推延和缩减过的快乐,同时也由于其合乎现实而保证能够实现的快乐"[1]。

人的生活,是一连串对苦乐的计算,求得最大值的快乐。眼前如果摆着两种可能,我们会选择快乐较大的一种。不过,我们是有远见的动物,不仅要计算眼下的种种苦乐,还要比较眼下的

---

[1] 弗洛伊德,《精神分析引论》,高觉敷译,商务印书馆,1984年,第285页。本译文与原译文稍有不同。

苦乐和长远的苦乐。街头女子来拉客，我可能颇想和她快活一番，但想起万一扫黄抓个正着，拘留、罚款、老婆闹离婚、单位里处分、同事白眼，这些事情当然都不快乐，我计算下来，不快乐超过了和那卖春女子的一番快乐，决定转身而去。

很好。不过，当然也有相反的情况：也许我明明算下来不划算，但还是屈服于欲望的诱惑了。而且，欲望越被挑起，我就越容易屈服，虽然和她快乐一番的快乐量并不因此改变。反过来，即使断然没有被扫黄撞上的危险，我也会因种种其他原因拒绝这位女子，这些原因更难用快乐的计算来说明。

这些事情，用欲望、冲动、情感等等 VS 德性、利益、理智、意志等等来谈论才适当。希腊人最早关注快乐的时候，注意的就是快乐和理智的两分：美好生活是理智的、快乐的抑或是两者的混合、结合？这里，理智和功效主义的理智不一样。功效主义所谓理智是指苦乐的计算，是为避苦求乐服务的。希腊人所谓理智是和快乐对照而言的，包括，或首要是指，责任之类。

前人早已反复指出，各种各样的苦乐是很难折算的。这些阐论，我无须重复，这里只提较少为人注意的一点，那就是，眼前的快乐和将来的快乐，不能因为都叫作"快乐"，就被视作同质；实际上，只在很少的上下文里，我们才能谈论"未来的快乐"，功效主义所谓的未来的苦乐，我们平常只说未来的得失。

这一点，汉语"快乐""痛快"这些词差不多从字面上已经透露出来了。快乐快乐，不仅乐，还快。喝个痛快，快意恩仇，引刀成一快，快哉此风，差不多都是因为快才乐，两杯啤酒拖着喝了一晚上，就没有什么乐了；引刀或可大笑对之，凌迟就怎么都乐不起来。

所以,"未来的快乐"或"长远快乐"这话即使有意义,其意义也相当复杂,不是未经论证就可以当作利益计算那样来处理的。我们会权衡长远利益和短期利益。越是能够量化的利益,我们越是能进行短期和长期的比较,例如这只股票现在该不该抛出。数字不带时间性,或者说,数字把时间性也纳入了计算之内。然而,在功效主义那里,既然一切活动归根到底都是为了获得快乐,快乐就是唯一的"利益",英文为 interest。利益是个极宽泛的词儿,interest 比利益还要宽泛。但无论多宽泛,它通常并不包括快乐。我们倒常说,你别只顾玩乐,想想今后会怎样;坚定的玩乐主义者回答说:管它是得是失,先快活了再说。

总之,套用股票模式来谈论眼前快乐和长远快乐十分可疑。快乐要快,所以来不及权衡。事事权衡,恐怕只发生在那些从不知快乐的人身上。

## 带来快乐和找乐

混淆快乐和利益,只是一种派生的迷误。快乐主义的根本迷误,是把快乐当作人生的目的。人生的目的并不是,或至少并不限于追求利益,遑论追求快乐。

快乐和欲望有紧密联系,这种联系在 lust（贪欲）这类概念中可以看得更清楚。欲望从后面推动,而不是在前面引领。欲望不是目的。张三问:你干吗到处找饭馆?李四答:因为我饿了。请注意,"因为"和"为了"有明显的区别,我因为饥饿吃饭,但我不是为了饥饿吃饭。

好，欲望不是目的，然而，**满足欲望难道不是行动的目的吗？** 我们吃饭，是为了消除饥饿。尽管"满足欲望"在这个时代已经成了理论家的陈词滥调，然而，我们平常谁会说"我为了消除饥饿吃饭"？饥饿推动我吃饭，这就够了，我不为了什么吃饭。我倒是会说，我吃饭是为了恢复体力。我什么时候能这样说？我没有食欲，却坚持吃饭，就是说，我吃饭是由目的引导的，不是由欲望推动的。欲望满足了，于是消失了，这不是我们行为的目的。克制欲望倒可以是目的。

我们有时被欲望推着走，偶尔也会被目的领着走；大多数时候，我们既不是被目标领着走，也不是被欲望推着走，**我们就这么走着**。我到你家做客，在椅子上坐下来。我被什么欲望驱使？被什么目的引导？我百无聊赖，打开电视，随便一个什么烂电视剧我就看下去。你若问，这么个烂电视剧，你看它干吗？我只好回答，因为无聊。无聊不是一种目的，也不是一种欲望。

亚里士多德早就指出，一般说来，快乐并不是人类行为的目的，"而像是一种伴随物"。久别重逢的朋友相聚伴随着快乐，这并不是说：相聚是一回事，快乐是一回事，在这里，快乐和相聚只是在形式上可分的，却可能被误解成了实质上可分的两样东西，仿佛快乐是一种东西、一种调料，有时加在这次相聚里，有时加在那次相聚里。**快乐并不是在外部伴随着活动**。哲学家常说到追求真理的快乐，他们并非一边追求真理，一边还感到快乐。追求真理的快乐不能脱离追求真理这种特定的活动。

然而，我们似乎也不能否认，有些活动所追求的是快乐本身。

詹姆斯区分"快乐的行为"和"追求快乐的行为",这时,他已经承认快乐本身有时会变成被追求的目的。典型的情况,例如,吸食麻醉品、买春、饕餮。"找乐子""找乐儿"这类说法提示出这一点。找乐子,去做的具体是什么无所谓,只要能带来快乐快活就好。

然而,吸食麻醉品之类的活动一般被视作不道德的或不健康的。亚里士多德从来不站在苦行僧一边指责快乐,但他还是要说,君子一心专注于高尚的事业,服从理性,而卑劣的人所期望的就是快乐。我不是要摆出道德家的面孔吓唬人,让人忽视快乐有时可以是目的的事实。相反,我倒是想直视事实,从而能够明了我们为什么会把吸食麻醉品之类的活动视作不道德的或不健康的,或至少,是不大自然的。

比较一下买春和情人间的欢爱。买春的人跟谁做无所谓,只要能带来快乐就行,自不妨说,求快乐就是他的目的,卖春女只是他达到目的的手段。情人间的欢爱却不能用手段／目的来分析,这一份快乐和这一个情人融为一体,两情相悦,自然而然缱绻难分,缱绻之际涌来多少快乐,我们不得而知。但那快乐自然涌来,不是他们所要求的目的,拥在怀里的情人,更不是达到目的的手段。贤者说,这才是真快乐。智者说,不花钱的性是最好的性。

当然,话说回来,如果我们的生活变得那么不健康,整日苦苦营生挣钱、恭迎上级检查工作、算计别人压抑自己,我们不再能从日常活动中得到一点儿快乐,那谁不愿像茶花女那样高唱一句:我们要为快乐生活!

# 志意之乐

先哲一向区分两类快乐：有肉体的快乐，有心灵的快乐。与此相似的，还有感官快乐／精神快乐，等等。我建议慎用这些词。它们积淀了历来关于心灵／肉体、感性／理性的纷繁学说。再则，它们有很强的道德评价意味，这似乎是各种传统区分的一个特点，乐道／乐欲、乐节礼乐／乐晏乐都是例子。此外，肉体大致从 corporeal 翻译过来，而 corporeal 的含义比**肉体**宽得多。

旧时在分析快乐的时候，往往采用一个简单的模式，仿佛快乐是一个属，其下可分成肉体快乐和心灵快乐两个种。既然两个种同属，它们必然有共同点，这些共同点就是快乐这个属的定义。至于具体怎么定义，则歧见纷出。我们普通人记不住那么多定义，但也会相信，既然肉体快乐和心灵快乐都是快乐，它们总有共同之处，这个共同之处大概在于它们都是快乐吧。

肉体快乐和心灵快乐的种差是什么呢？一种常见的看法是：后者纯洁，前者不纯洁。哲人们说，肉体快乐总是混合着痛苦，或者，肉体快乐过后必定跟着肉体的痛苦；心灵快乐则是纯洁的快乐。以单纯与否或纯洁与否来区分肉体快乐和心灵快乐，天然带着一份道德评价：纯洁当然是好的，不纯洁当然是坏的。顺理成章，哲人们就把心灵快乐视作更高级的快乐。

在我们看来，这种分析框架有点儿过于简单，找出的种差也很难成立。肉体的快乐过后不一定就有痛苦相随，反过来，心灵的快乐过后也照样可能有痛苦相随。心灵的快乐也许更为纯洁，但这似乎不在于心灵快乐来得特别简单。我倒觉得，心灵的快乐似乎更为复杂，更多和苦难、忧伤、悲悯连在一起。

我们今天不再只能根据种属关系或共相一类来进行概念分析了。各种快乐可能具有家族相似，虽然相通，却并没有什么共同点。心灵快乐和肉体快乐之间也可能是隐喻关系。高明、高人、高士，它们和房檐高低、椅子高矮有什么共同点呢？

朋友在一起宴饮，情人间的欢爱，都有很多很多心灵的快乐，但如果硬分，似乎还得归在肉体快乐一类。听一曲莫扎特，得到了感官的快乐还是精神的快乐？很难想出什么情形，那里只有纯粹肉体的、感官的快乐，柏拉图早就提示过，若没有理知，你会连自己是不是在享受快乐都不明白。也许该把被强奸者的某些生理反应当作"纯粹肉体快乐"的例子？我们不能不觉得，把那叫作快乐是对受害人的进一步侮辱。

心灵和肉体，在这里，像是离开太远，中间空当太大，一大半寻常快乐都没了着落。我觉得，不如在种种快乐中特别标出**溺欲之乐和志意之乐**来。贪食而求肥甘，这是溺欲之乐，是道德家要批评的。朋友在一起宴饮，情人间的欢爱，竞赛胜出的快乐，虽然拔不到乐道的高度，但"顺其道则与仁义礼智不相悖害"（王夫之，《张子正蒙注·诚明》），没有什么不正当的。

溺欲之乐易解，关于**志意之乐**，我想多说两句。你爱打网球，说那是给你带来很大快乐的活动。可我看你打球，肌肉绷着，眉眼皱着，东突西奔，汗如雨下，一点儿都不像快乐的样子。比照另一种情形：你赢了一场业余选手锦标赛，捧起奖杯，眉开眼笑，快乐极了。比照之下，前一种快乐并不是情绪上的快乐，并不直接呈现在形体之上，所以我愿称之为志意之乐。

快乐四论

"志意"这个词是我编造的,好在望文生义,大致还通顺。所谓志意的快乐,无非是说,当事人尽管快乐,但貌貌然看上去并不见喜笑颜开的样子。乐意,虽苦犹乐,以苦为乐,孔颜之乐,通常都是志意方面的,说的不是形体上的快乐。

我相信,志意之乐在很多场合有助于适当理解我们是怎样说到快乐的。例如,登黄山是辛苦还是开心?这里不需要辩证法,也无须计算满山的景色怎么抵消登山的汗水,只须指明,在志意的快乐那里,每一分辛苦本身就是一分快乐。再如,观察者莫不注意到快乐与新鲜感的联系,情绪上的快乐会疲倦,因此不会持续不断。快乐作为一种情绪有来有去,笑容时间长了就会僵在脸上,但孔颜之乐都是长久的,这当然不是因为我们会在这里找到一种持久的情绪,而是因为孔颜之乐根本不是一种情绪,而是志意之乐。再说审美愉悦或审美快乐吧。"审美"这个词本来就有疑问,但现在只说"快乐"。有人说,初读堂吉诃德时大笑,再读时掩卷无语,后来读时大恸。审美的愉悦,实在也有情绪之乐与志意快乐之分。通俗作品也许会让人像吃糖果一样产生某种快乐,精深的作品若说让人愉悦,则多是志意的快乐。在看悲剧的时候,人通常并没有一种情绪上的快乐、形体上的乐。人们常随亚里士多德说到恐惧与怜悯,显然,恐惧不是一种快乐。怜悯也不是,想想一个人若在怜悯时感到快乐是什么样子,也许是幸灾乐祸?"表现丑"的作品也会让人"愉悦",与以苦为乐同属一族。

志意之乐的提法也许从反面看更重要。它劝我们不要在形体上寻找快乐的共相。志意之乐诚然是有外部标志的,但它们和喜笑颜开可能毫不搭界。

我愿提到，这个提法不限于快乐；谈论性情的词，多半有志意这一端，比如热情，见人就招呼，声色洋溢，是热情的显例；但热情的另一端，是执著于某人、某事，看上去并不是那么热气腾腾的。

## 以苦为乐

貌貌然看去，志意之乐没有多少形体表现，反倒常和辛苦、艰苦、痛苦连在一起。的确，痛苦和快乐经常难解难分，乐和苦是一对双生词，说到快乐，就不能不说到痛苦。

有人把追求快乐视作人生的目的，有人则把避开痛苦视作人生的目的。有人说，逃避痛苦的冲动更强于追求快乐的冲动。有人干脆说，所谓快乐，无非是消除痛苦。然而，我们也常看到，尽管眼见前路充满艰难困苦，还是有人会迎难而上。当然，就像快乐不是生活的目的，他们也不是在选择苦难，他们投身一项事业，哪怕它要带来苦难。

苦难让人英雄。我们围在那里听过来人讲他苦难的经历，一脸崇敬。有的人因此喜欢讲述自己的苦难、痛苦、困厄、孤独。甚至不面对听众，也要自我悲情一番，从心里夸大自己的孤独和痛苦。

大快乐是经历了痛苦的快乐，被苦难提升了的快乐。俗话说，不经风雨，哪见彩虹？经大痛苦的人知大快乐。据王朔观察，成年男人喜好的东西，多半带点儿苦味：烟草、茶、咖啡、老白干、探险、极限运动。幼童的苦乐也许截然分明，但在成年人那里，

**快乐往往是和痛苦交织在一起的**。从来没人来送礼的男人谈不上廉洁,从来没人勾引的女士谈不上贞洁,不受苦的快乐是些鸡毛蒜皮的快乐。

细计较起来,让人英雄的不是苦难,而是对苦难的担当,是战胜苦难,是虽经了苦难仍腰杆挺直,甚至乐在其中。仅仅被苦难压着,和大快乐毫无关系的苦难,让人怜悯而非让人崇敬。

因此,大多数听众,听到英雄讲述过去的苦难,崇敬之余甚至有几分羡慕,却不准备在自己今后的生活道路上选择苦难。因为通常是苦难把人压垮,而不是使人更加坚强。

也因此,有人为吃苦而吃苦。他等不及命运的安排,就要一试自己有没有以苦为乐的能力。苦行僧更是把吃苦定为自己的目标。倒不是说,他们想最后会获得快乐的结果。扛住苦难就已经是结果了。为吃苦而吃苦,初看起来和找乐一样,把苦乐从具有实际意义的处境割离开来,其实两者大不相同,因为抗衡痛苦的过程已经有志意之乐在其中。为吃苦而吃苦天然就丰厚,不同于找乐那样单薄。有为的青年,都曾这样那样地为吃苦而吃苦。反过来,得避苦就避苦的青年,一定性情单薄。

以苦为乐是快乐,不是痛苦。这并非因为整个过程中快乐的总量算到头来超过了痛苦的总量,倒仿佛,无论痛苦多么多快乐多么少,痛苦都是用来为快乐服务的,用来烘托快乐的。痛苦提升了快乐的品质。带苦的快乐实际上差不多是高等级快乐的一个标志。这种高等级的快乐,不一定由于带了苦而不那么纯粹。苦乐混杂,倒不如说由于尚未尽脱俗气。志意的修炼恰在于始终保持天真之乐。那些苦仿佛是个过滤器,始终滤出清洁的快乐。淳朴天真之乐既是一种回忆，也是一种现实，维系我们心灵的绵延。我们如何保持童心？假装自己还没长大？天真不是某种现成不变的东西，它在丰富阅历中展现新的形态。丰富不同于芜杂，这恰在于丰富者，无论包含了多少反题，仍保持着创造时刻的一片纯真。

# 我们身上的感应思维

远古人类把世上的事物理解为互相感应的东西，死人和活人互相感应，星辰和生死兴衰荣辱感应，木星主福而火星主祸，女人梦见了神人，或者跑到山里踩了一个脚印，就怀孕了。这种思维方式叫作"感应认知"。初民社会中大行其道的巫术就是建立在感应思维之上的。人们施用魔魇让对手得病甚至死掉，或者让战斗的敌对一方失掉阳气，增加自己的阳气。

相信感应跟相信物理因果是不一样的。在物理因果关系中，受动的那个物体是完全消极的、被动的，比如施力给桌子，桌子是完全消极的，力来了它就动，力撤了它就不动。而在感应中，受感者并不完全是被动的，并不只是被驱动，它有所感、有所应和，它在受感而动之际是积极回应的，就像是对呼唤的响应一样，是一种感动。你要问施用魔魇的巫师是通过什么物理机制让那人得病的，他回答不上来。

不过，因果这个词有两个意思，一个是佛教里的因果报应，一个是我们现在所讲的原因和结果，物理因果。佛教里的因果报应恰恰是感应的一个突出例子。你做了件坏事，后来你得到报应，这里的联系不能用我们今天所说的因果关系来理解。

我们把感应叫作远古人的思考方式，或者野蛮人的思考方式，但在我们心里还留存着这类思考方式的很多遗迹。拳民口中念念有词，相信自己受了什么功，刀枪不入。民间现在还有跳大神的、施魔魇的。我们身边的人，也有不少仍然相信占星术，相信降灵术，很多人到庙里烧香、求签，想生孩子去求观音菩萨。谐音字的避讳，吉祥用语，也都属于此列。今天，凡是不用因果机制来解释事物的发生，我们都称为迷信，而我们现在叫作迷信的东西多半属于感应。种种气功此起彼伏，其中很大一部分在于相信感应，例如意念致动：使劲盯着一个杯子，心里使劲移动它，杯子就动起来。或者，瓶子没打开，药片就到手里了。

列维－斯特劳斯早就指出，所谓"野性的思维"（la pensee sauvage），并不随着文明的发生而消失。也许我不信意念致动，也不去烧香求签，但是有些想法我们每个人都很难逃脱。今人不一定还相信天垂象则见吉凶，但逢巨大的自然灾变，人们仍难免会感到它与人事有一种内在关联。有个恶人朝你的父母照片上吐唾沫或者扎一根钉子，你再有理性也会怒不可遏。你知道这在物理上不会对你父母造成一点儿伤害，但你仍然怒不可遏。你受过高等教育，可仍然会把负心人的照片撕碎以泄愤。在幼儿身上，在梦里或者白日梦里，可以发现更多的感应思维元素。

感应认知不都是老百姓的迷信。在学问家的理论里也找得到感应的痕迹。在阴阳五行理论中，阴阳错行，则天地大骇，于是乎有雷有霆。与气象物理学对雷霆的解释对照，立刻可以看出这是感应式的解释。今天仍然盛行的各种民间理论，例如星相学、气功理论，更是充满了这类感应因素。

的确，日出与生命的兴旺，日落与衰亡，大地和母亲，这些联系是那么自然，简直很难不觉得它们互相感应，简直无法不从这些联系开始来理解世界。它们是最古老、最普遍的人类思维形式。它们既是情感又是思想，所以，荣格把它们称作认知原型。通过象征和隐喻，认知原型在艺术中仍然发挥着重要的作用。不仅如此，即使在科学理论中，象征和隐喻也仍然发挥着重要的作用。关于社会的大量隐喻，机体、阶层、网状、织物、机器，等等，社会科学堂而皇之地加以采用。无论近代物理学多么抽象，物理学中的一些基本观念仍然依赖于隐喻一类的认知原型。Current 或电流这个词是隐喻类的，对电流的描述携带着"流"这个词在水流等形象中所具有的语力。电流不是一个单独的带着隐喻的词，这里出现的是一族隐喻。电流通过电阻很小的导体，其中电流、通过、导体都带着隐喻，并且由此构成一幅统一的图画。在荣格看来，能量和能量守恒的观念也基于认知原型，"能量守恒观念一定是某种潜伏在集体无意识中的原始意象"，同样的观念也表现在魔力、灵魂不死等等之中。这并不是心理分析学派的奇谈怪论。著名的科学史家丹皮尔在他的《科学史》里就这样评论物质不灭和能量守恒："心灵为了方便的缘故，总是不知不觉地挑出那些守恒的量，围绕它们来构成自己的模型。"

科学理论的确努力消除这些隐喻。然而我们有理由认为，这是一个不可能充分达成的目标。科学哲学家哈瑞就此说："我敢斗胆断言，没有哪个物理学家，无论多鹰派的物理学家，他在说到例如'导体里的热流'时所意谓的丝毫不多于'温度随时间发生的变化'。"哈瑞敢于作出这个断言，是因为"（电流）这类语词不可能被人工建构的表达式替换而不毁掉电动力学的概念基础"。

电流这一类概念之被采用,不是偶然的,因为它们天然带有理解。用哈瑞的方式来表述,它们同时既在描述也在解释。实际上,我们今天所谓理解了,在很大程度上就是说:被纳入了认知原型。不能被纳入原型的才需要另加解释,另加论证。

感应认知不曾从人心中根除。实际上,作为认知原型,它永远不可能从人心中永远根除。且不说星相学、到庙里烧香求签之类。感应认知以各种更加隐秘也更加重要的方式,参与我们现代人的思考和理解。

# 在后现代思想

Where are we in the realm of thinking？我们无法站在思想之外，对思想的现状做一番评估。这样的题目，立刻把我汲进思想本身。

"思想"这两个字，"想"是我们平常用的，人人都想事儿，想心事，想你想我，"思"平常不单独用，单独用时有古意，思入天地有形外。有形之外，是天理、天道。"道理"是我们日常用的，"道"和"理"单独用，像是文言。

我们平常想一件事情，你这样想，我这样想；就是我自己一个人，也一时这样想，一时那样想。思想异乎这些平常的想法，专追索确定不移普遍有效的至理。中国古人云，天不变，道亦不变。希腊人通过哲学来追求普遍不移的真理，把数学和不变的天体视作榜样。

哲人掌握了恒定之理，于是我们眼前摆出了性理大全，形而上学体系，满架子哲学原理类的教科书。这些书里，像《几何原本》一样，有原理，有定理，有应用示范。所有的道理，被原理联结在一起。

让哲学家最为头痛的，是称为原理的东西究竟够不够源始，原理背后，还有没有进一步的道理。这样做是不对的，因为这不道德——但我干吗非要道德？这样做不行，会害了你自己的健康——但我干吗非要像公园里晨练的老头儿老太太那么在意健康长寿？快活不是更重要吗？哲学家必须找到绝对的起点，我思，感觉与质料，自明性，道德底线。可惜，这个哲学家说这是起点，那个哲学家不同意，这个觉得自明，那个说是一团糊涂，刚找到一条底线，又被耸人听闻的事件冲破了。

虽然有这种种困难，虽然几千年来没有哪一套确定之理为世所公认，哲学家仍不肯罢休，希望至理最后碰巧落到自己的手中。人群也翘首以待：人世间的道理，纷纷繁繁相争不已，若无圣人出，如何得致万世太平？

这样来寻求确定之理，是把道理视作某种现成的东西，写在天上或埋在地底，等我们抓住了它，或挖出了它，我们就掌握了真理。

圣人始终未现，万世太平始终不曾来临。藏在现象背后的道理，后来倒是一条一条被科学家发现了。它们是些确定不移的客观规律，却不是哲人们所寻求的会万归一的至理。实际上，科学掌握的客观规律越是确定不移，它们与人生的道理就越不相通，因为它们本来是通过清洗掉意义才被求得的。生理学能找出与长寿相关的基因，不能教给我们何时该舍生取义。经济学能计算出本币升值对外贸的影响，不能教给我们怎样安贫乐道。舍生取义、安贫乐道之为理，从来不是先在于人类领悟的"纯客观"的道理。

道理不同于自然规律。自然规律独立于人类理解，可从外部加以掌握，道理在于事物说明了什么。只有针对什么，才能说明什么。否则，水往低处流说明了什么？人的天性与物质的天性相反，所以，水往低处流，人往高处走。但它也可以是说，上善若水，众流皆下，故能汇为江海而成其大。事物及其规律，似乎对不同的人说明不同的道理。往小处说，公说公有理婆说婆有理，往大处说，孔墨俱道尧舜，而取舍不同。有确定不移的客观规律，却没有确定不移的人生道理。

孔子有孔子之理，墨子有墨子之理，但若我们循理而进，直臻乎至理，或有望会万而归一，通于大同？布什和拉登，势不两立，但若穷理至极，也许这两个人，竟人同此心，心同此理？

会通于一，谈何易事？就算会通于一，又来了新的麻烦。道理越根本，似乎言说就越无力，会通于一，就无可言说了。这个一，怎么称呼？道、理、太一、太极、无极？语词本来用来分殊，所以庄生曰：既已为一矣，可得有言乎？庄生，以及说了那句无人不晓的"道可道非常道"的老子，都被称作道家。其实，儒家论理，照样要碰到这无可言说之境，大儒程颐就说："一阴一阳之谓道，此理固深，说则无可说。""吾道一以贯之"的那个"一"，孔子自己没落实它是什么，"忠恕而已矣"是门生曾子落实说的。

理后之理仍有贯通之功，这个贯通，并不是要也并不能够达乎各种道理背后的抽象同一之理，而是要达乎所关切之事。所谓贯通者，各种道理被牵引进关切者之间的一场对话之谓也。

前几天，和几个关心动物保护的朋友座谈。碰到那个常听到的质疑：动物救助者为什么不去救助失学儿童呢？一个决定去做一年志愿者的青年也许正在考虑他去做动物救助还是失学儿童救助，一个企业家也许正在考虑把一笔善款捐给哪个民间组织，也可能有伦理学家参与他们的考虑，尝试把方方面面的考虑梳理清楚。但我既不关心动物保护，也没打算去帮助失学儿童，我只是要一个悬空的理，你怎么回答呢？如果我什么都不打算做，这么回答那么回答有什么差别？建国家大剧院重要还是解决无房户问题重要？请朋友下馆子重要还是救助艾滋病人重要？没有一套悬空之理把世间万事都安排妥帖。这些问题不是不可以问，但也不是可以脱离了具体关切悬空来问，无论问得多么理直气壮。

问道穷理总是有针对性的，这就是所谓问题感。"真理"不是某种东西的名称，我们最好把它理解为成就动词，真理是此际的最高成就，不是一旦发现就永恒不变的东西。所谓绝对真理，所谓不易之理，就是哲学中的上帝。西方哲学一向与神学紧密纠结，乃至海德格尔用"存在论—神学"名之，说"永恒真理"乃"哲学中尚未肃清的基督教神学残余"。

天理并不写在天上，而写在天人之际；所须通者，古今之变，而非致万世太平的灵丹妙药。后世多少理学家，没哪个如太史公悟道悟得深切。并没有一套道理，在天上或在圣人的书里平铺放着。儒学原是诸子中的一支，统治者为帝国统治之需，立儒为教，定于一尊。

对于思想者而言，没有定于一尊的至道。渴求一尊至道的人，须得把眼光转向信仰。思想的求道者须始终培育承受不确定的勇气，一如信仰者须始终培育承受确定性的勇气。

没有确定的终极真理作保证，所有的道理不都断了根基吗？我们不知道终极的冷有多冷，终极的热有多热，但我们都知冷知热。我们没见过终极真理是什么样子，这完全不意味着我们不能分辨真道理、伪道理，不能确切地分辨真伪。拒绝定于一尊的终极真理，并不意味着没有真理。

今天，不少人慨叹，我们正在丧失辨别真伪的能力。然而，这不是由于我们不再有大一统的意识形态来提供标准。意识形态为万事万物提供标准的那个时代里，我们何尝富有辨别真伪的能力？不敞开思想对话的空间，真理就无从临现。不过，大一统观念的瓦解，并不自动地带来思想的自由对话。观念的舞台上，演出着五花八门的主义：个人主义、民族主义、民粹主义、宗教原教旨主义、科学主义，更不消说消费主义。唱都在唱，但没有互相聆听，热闹之余，我们这个时代始终没有培育起厚重的意义。在没有绝对标准的世界中寻求贯通之理，辨别虚幻与真实，对于思想者来说，还是一件刚开始学习的课业。

# 普世宗教与特殊宗教

## ——一个教外人读汉斯·昆的《什么是真正的宗教》

程颢说王安石谈道是在塔外"说十三级上相轮",不能"直入塔中,上寻相轮"。吾侪教外人说宗教,难免被这样批评。

但我是教外人吗?有时碰到人问,你是基督教徒吗?我说不是;不觉得别扭。他接着问,你是无神论者?我说是;却有点儿别扭。倒不是这个回答的真值不够确定,而是这个回答好像有一层否认神的存在的意思。Atheism,即"无神论者",无论从构词上说还是从历史上说,都带有点儿积极否定,甚至挑战、挑衅的味道,"战斗的无神论者"的味道。我是个男人,而不是个非女人,更不是个misogynist(厌恶女人的人)。在"头上三尺有神明"的意义上,在"叫它幸福!心!爱!神!我对此却无名可名!"(歌德,《浮士德》)的意义上,我并不是"无神论者"。

我的确不是基督徒。基督教只是宗教中的一种,此外还有伊斯兰教、佛教、萨满教、罗马国教、青阳教,数不胜数。它们之间的差别太大了。你有宗教信仰吗?我若回答,有,我信青阳教,那会是一个蛮奇怪的回答。基督教历时两千年,上有教皇,凌驾于君王之上,下有遍布世界的教徒,中有硕儒博士,神学著作汗牛充栋;青阳教屈居民间,信众(我顺口就说"信众"而没说"教徒")只有少数"愚夫愚妇",没有百十年就湮灭了。虽然辞典不得不为"宗教"一词提供一个统一的释义,但似乎不如说各种宗教之间最多只有家族相似。除了字典学家和社会学家,很少有谁从宗教的共同本质想到宗教说到宗教,总是从一两种典型的宗教想起说起。我猜想,即使字典学家和社会学家谈论宗教的本质,通常也是从一种或几种典型的宗教着眼,然后逐步扩展开来,而不是把所有宗教摆到眼前,从中抽象出它们的共同点——尚未确定何为宗教的本质,又怎么决定该把什么摆到眼前,例如,是否该把儒教摆到眼前?

所谓典型或原型,多半是那些世界宗教;那些限于一个小部落、一小群人的宗教,历时不久的宗教,别人不知道,很难起到典型的作用。各宗教的神祇本来都是民族性、地方性的,只有几种宗教转变为世界宗教,数其大者,基督教、伊斯兰教、佛教而已。(印度教信众虽多,但差不多只有印度人信。)今天关于宗教的界定,像其他多数关键词的界定一样,来自西方;就连"宗教"这个汉语词,虽然已有千年历史,但一旦用来翻译 religion,它的意思就跟着 religion 走了。于是,基督教自然而然便是宗教概念的原型。儒教是不是宗教?我们多半会参照基督教来考虑答案,而不是参照青阳教。

以基督教为原型的宗教概念,扩展到如今笼统称为宗教的例如佛教上,很难严丝合缝。别的不说,佛陀并不是个人格神,他没有开天辟地之功,也不是处女生的;佛陀是个凡人,是凡人中的彻底觉悟者,就此而言,我们不知道他更近于上帝、基督还是更近于孔子。说佛教是无神论,虽不中肯,却不算错。从历史一社会角度来看，近代以来涉及宗教的最根本的问题，宗教宽容，差不多也只是基督教及伊斯兰教的问题，佛教徒无须宗教宽容的观念，他本来没有异教徒的观念。（外道与异教徒是两个观念。）

欧洲经过了惨烈的宗教战争之后，逐渐生长起宗教宽容的观念。这种观念在莱辛的《智者纳坦》中获得了广富影响的表达。宽容或 tolerance 是种好品质，但这类词比较适合用来赞誉别人，用来形容自己则有点儿高人一等屈尊俯就的意思。但反过来说，一种宗教是否真的应该或能够把自己视为与其他宗教平等？我阅读不多，却也读到过不少以此问题为中心的文著。这里谈谈汉斯·昆的《什么是真正的宗教——论普世宗教的标准》[1]。

汉斯·昆以基督教教内人的身份提出这个问题。一方面，依照现代开明观念，我们不应把自己的民族、文化、宗教视作高人一等，不应把身在基督教视作获得拯救的唯一途径；但另一方面，"如果在教会和基督教之外已经存在着拯救，那教会和基督教还有什么必要存在？"（第9—10页）汉斯·昆分三步或曰依三层标准来回答这个疑难。首先，存在着基于人性的普遍伦理标准，任何真正的宗教都不能违背这些总体的伦理标准。其次，每一种伟大的宗教都有自己的圣典，它们提供了一种宗教特有的规范。最后，是特殊的基督教标准，"一种宗教如果在理论上和实践上都让人们感受到耶稣基督的精神，那么，这种宗教就是真的和善的。我把这一标准仅仅直接用于基督教：使用自我批评式的方法提问：基督教在多大的程度上是合乎基督教精神的？不揣冒昧地说，这个

---

[1] 刘小枫，《20世纪西方宗教哲学文选》上卷，上海三联书店，1991年。以下引文都出自该书。

标准自然也间接地适用于其他宗教"(第 24 页)。总体上说,讨论这个问题,有外部角度与内部角度,从外部观察,我们会发现许多真正的宗教,然而,"我面对的不单是需要思考的哲学和神学论证,而是一种宗教的激励","只有在某种宗教成为我的宗教之时,对于真理的讨论才能达到激动人心的深度"(第 25 页)。

汉斯·昆的论述,颇多内容深得吾心。尤其是他以基督徒的身份,常首先"使用自我批评的方法"对基督教本身提问,直面十字军、宗教裁判所、对犹太人的迫害(第 15 页),直面极为排他、不宽容和气势汹汹,几乎是病态地夸大罪恶和负疚的意识(第 14 页),他的坦诚体现出大器的自信。不过,在总体立论路线上,我觉得似未尽善。这条总路线,简要说,是把普遍性完全理解为共同性,以这种作为共同性的普遍性来解答思想上的困惑:普遍性高于特殊性,特殊性实现普遍性,"真正的人性是真正的宗教的前提……真正的宗教是真正人道的实现"(第 30 页)。他的三层标准,第一层便是普遍人性的伦理标准,而下面两层标准能否确立,归根到底以是否合乎第一层标准为准:"基督教的特殊标准不仅仅符合宗教一般本源标准,而且最终地也符合人性的总体伦理标准"(第 28 页)。这条总路线总的说来似乎是绕过而不是切入普遍性/特殊性关系的真正难点——如果确有普适的伦理标准,这些标准确实形成一个和谐的整体,在发生分歧和冲突的时候,人们确实愿意从自己的特殊性上升到这些普遍标准(最后这一点其实是"确有普适标准"的主要内涵,因为,如果在发生分歧和冲突的时候,人们不愿上升到"普遍标准","普遍标准"就成了空话),分歧和冲突当然会迎刃而解,我甚至要说,特殊性就只是一些摆设而已。然而麻烦在于,特殊性附属于普遍性只是一种积非成是的形而上学幻象,并不是对事情的真实描述。事实上,特殊性并不附属于普遍性,特殊的人之间、特殊的宗教之间发生冲突,没有什么原理迫使他们上升到普遍性,他们仍将作为特殊的人和特殊的宗教来寻求解决冲突之方。解决之方也许包括营建某些普遍的标准,但它们并不是一些已有的现成的标准。"保障人权、解放妇女、理解社会正义和战争非正义"(第19页)并非一开始就是所有宗教和所有文化共有的普遍者,它们由宗教—文化的冲突和对话营建而成。

汉斯·昆笔下的上帝也是这样的普遍者。他说"基督徒信仰的不是基督教,而是上帝"(第27页),这个上帝,不只是基督教的上帝,而是所有宗教的上帝。例如,"在末日不会再有任何宗教,而只有上帝本身"(第32页)。然而,作为共同者的普遍上帝并不能真正公平地对待众生;他是不是多神教的上帝乃至无神论的上帝呢?作为真正的普遍者,应该是的。一个基督徒如是说,足够宽容了,但对多神论者或无神论者,似乎仍有武断之嫌——"只有宗教才能确立一种无条件的和普遍的伦理,同时把它具体化"(第18页)似乎有点儿强加于不信任何宗教的人。汉斯·昆批判"匿名基督教徒论"时说:"那些不是基督徒也不想成为基督徒的人的意志没有受到尊重……我们不会发现一个严肃的犹太教徒或者穆斯林、印度教徒或佛教徒不觉得把自己当作'匿名''匿名的基督徒'的做法是一种把自己意志强加于人的手段……似乎这些人不知道他们自己是什么人!"(第12页)根据同样的理路,我们似乎也不能把不信任何宗教的人视作匿名的信教者。也许,即使无神论者也信从"无名可名"的高于他自身的存在,但因此他一定信仰上帝吗——哪怕不把上帝理解为单属于基督教的上帝?

人们常说,语词总是抽象的;然而在另一个意义上也不妨说,语词总是具体的,称 Jehovah(耶和华)、称 God(上帝)、称 Allah(安拉)、称天、称 Sakyamuni(释迦牟尼),总已经把某种特殊的文化—历史一道说出了。那么,在这些语词之上,是不是有一个更高的"无名可名者"呢?在我看来,"无名可名者"不属于任何一种特殊的语言,但它也并不属于一种高于各种语言的语言,或属于作为一切语言基础的语言;倒不如说,"无名可名者"是两种或多种语言的中间地带,是各种语言之间的同一与分殊。我希望我们不再迷恋凌驾于一切特殊性之上的普遍性,更不用说把自己的特殊存在直接提升为普适原理。

那么,任何一种宗教,例如基督教,仅仅是种种宗教之中的一种吗?上面说到,汉斯·昆引入了从外部的观察与内部的观点这组概念(第 24 页),在一名"中立的"观察者眼里,基督教只是种种宗教中的一种,然而,从内部看待基督教,基督教就不只是与其他宗教并列的一种宗教,它是"我的宗教",在这种宗教里,"我相信我找到了说明我的生与死的真理"(第 25—26 页)。从外部看与从内部看是一组广泛采用的概念,本文开头处提到程颢对王安石的批评,采用的就是这组概念。这组概念有种种亲缘概念,例如经验与观察,体验之知和观望之知。依体验之知和观望之知这组较为宽泛的概念,宗教间的对话与文化间的对话就没有什么不同。我虽是教外人,对爱和信却并不陌生,就此而言,与信教人的心智也许并不远隔,就像开明的信教人,与我们交往并未格格不入。我们也许可以小心翼翼地把对自己文化的爱与信都称作 the religious 或 religiosity，即宗教情怀。我生在华夏文化之中，我因生于斯成长于斯而爱我的文化；我并不是把我的文化与别的文化比较一番发现它最为美好才爱它。爱和信不是研究和选择的结果。我不必向人证明要人相信，华夏文明是最伟大的文明。（我生在父母怀中，我因生长于亲人之间而爱他们。我并不是因为把我的亲人与别人比较一番，发现他们最出色最美好才爱他们。我不必向人证明要人相信，我的亲人是最出色最美好的。）科学结论若不能证明其普遍为真就不足信，爱的信却不是如此。我的信既不依赖于别人也该信，也不导致别人也该信。

体验之知之为真与观望之知之为真有着不同的标准，更确切地说，事涉体验之知，只有在类比的意义上才谈得上"标准"，因为我们主要从外部谈论标准，而体验之知的真，体验之真切，主要是从内部说的，牵连着爱和信赖。我们很难为体验之真切列出评判标准，并非因为体验是隐藏在内部的心理活动之类，而是因为体验之知既与爱和信赖纠结在一起，其为知的形态就千变万化，难用一致的标准来界定。在这里，如果硬要说到标准，不妨用汉斯·昆的话来说：真理标准"首先只和自我而不是和他人相关，首先只对自己有约束力"（第15页）。我无须别人爱我之所爱，信我之所信，我只在自己的所爱受到轻慢和危害时才奋起捍卫她。

爱和信不是站在外部加以权衡之后的选择，但这绝不意味着爱与信闭目塞听。爱自己的亲人并不意味着看不见他们的缺点，或看不见别人的优点，甚至相反，爱之深而责之切。对自己的文化、自己的宗教也一样。就基督教而言，"甚至在基督之后也还经

普世宗教与特殊宗教　　139

常需要预言性的补正，需要教会内部的预言者……也需要教会以外的预言者和受到启示者；预言者穆罕默德和佛可以突出地列入其中"（第28页）。与他者的对话是对话的典型形式，同时，以比较不那么彰明的方式，始终存在着一种内部的对话，或汉斯·昆所说的"内部的批判"（第22页）。华夏文明内部始终存在着对这种文明的具体内容的质疑和批判。其实，就我们有所信有所爱才责之切而言，宗教间对话、文化间对话倒可以视作内部对话的一种形式。上文所引"只有在某种宗教成为我的宗教之时，对于真理的讨论才能达到激动人心的深度"一语，似乎含有这层意思。我们关心人权概念的异同，关心民主制有没有普适性，研究罗尔斯理论的得失，唯当这些转变成我们文明的内部问题时，它们才"激动人心"。

生活的真理从来都是在这个传统或那个传统之中展现自身的，无人怀疑，宗教传统是人类生活的一种最重要的传统。正因为只有身在一个传统的内部才能对真理爱得深切、信得真切，在我们这个不断营建普遍价值的时代，宗教信仰绝未失去意义，对自身文明所怀的"宗教情怀"绝未失去意义。这些仍有意义，在于它们生长在特殊的传统之内。特殊性是相通的基础或前提。我们只能以一种特殊的方式得到救赎。有人或由基督教的上帝救赎，有人由华夏文明救赎。有谁竟由普世宗教或普适伦理救赎，那仍然是一种特定的救赎，而不是更高的救赎。

# 近代科学是如何兴起的

伽利略于 1642 年去世（1564—1642），牛顿于第二年诞生（1643—1727），罗素曾把这个事实推荐给相信灵魂转世的读者。这个巧合的确太富象征意义。伽利略和牛顿可说是一先一后"联手打造"了近代科学。伽利略是一个巨人，他在广泛的领域引入了近代科学的观念和方法，牛顿也是一个巨人，他赋予近代科学以完整的形态。

从伽利略的盛年开始，近代科学开始蓬勃发展，一个巨大的新世界开始展现，各种思想互相激荡，所有怀抱新观念的学者都极其兴奋。回顾伽利略到牛顿的时期，我们可以数出很多鼎鼎大名：培根、开普勒、哈维、霍布斯、笛卡尔、波义耳、伽桑迪、马勒伯朗士、帕斯卡、惠更斯、斯宾诺莎、洛克。仅在英国的皇家科学院和牛顿先后工作的人中，我们可以提到牛顿的老师巴罗，一直和牛顿互相纠缠名声的胡克。远在德国，当然要提到伟大的莱布尼茨。这些名字表明，近代科学的前进方向已经不可扭转。

## 科学家与科学沙龙

我们在这里不提莎士比亚、弥尔顿这些空前绝后的诗人。然而实际上,在 16—17 世纪,科学不局限在专家圈子里。科学、哲学、艺术似乎还处在同一个平台之上,科学当时主要不是在大学里面发展的,而是在沙龙里面发展的,相对而言,大学比较保守,沉浸于神学、形式逻辑、修辞、法学,等等,为中世纪化的亚里士多德统治。有教养阶层在沙龙里讨论文学艺术,同样也都有能力讨论科学。科学家们的确要做些实验,不过这些实验对技术的要求不是太高,其内容也很好理解。帕斯卡指导他的妻弟到山上去测量气压,登得越高气压越低,这些实验讲给别人听,别人不难明白实验的程序,明白根据什么道理得出这个结论。就像达·芬奇画一张画,米开朗琪罗做一件雕塑,我们做不到,但他们做出来了,我们都能欣赏、领会。虽然有人偏重哲学一点儿,有人偏重科学一点儿,有人偏重艺术一点儿,但是我们还是有一个共同的平台。不说老百姓吧,至少那些受过教育的阶层,大家在一起交流并没有什么障碍。不像今天,科学完全是专家的事业,需要高度的专业训练才能接近。

这些沙龙和团体逐渐发展成各种学会。1651 年,美第奇家族在佛罗伦萨创立了西芒托学院。同期,波义耳等人在英国组织了牛津学会。1662 年,英王查理二世特许成立了英国皇家学会。四年后,路易十四在法国创立巴黎科学院。这里开始萌芽的团体合作将成为后世科学研究工作的一个本质特征,单凭这一点,我们就可以把科学和哲学区分开来。

人们对什么都感兴趣，天文、气体、枪炮的反冲力、人口、解剖、海运、矿业、羊毛织品、机械，新的思考方式在形形色色的领域中发展起来。学者们聚在一起讨论他们的新发现、新思路，更多时候是通过书信。后来，学会开始出版刊物，学者们逐渐发展出一种后来被称作论文的文体。

## 仪器与实验

同一时期，西方人航行到世界的各个角落。随着世界的扩大，人的眼界开阔了，看到的东西增多了。但对近代哲学—科学影响更大的，不是通过旅行和探险见到了更多的新事物，而是通过新仪器和实验手段发现了更多的新事物。近代科学的眼光不限于我们平常能够经验到的事物，而是通过多种多样的仪器和实验去发现我们平常经验不到的现象。这是近代科学与古代科学—哲学的一个显著的不同之处。我愿顺便提到，制造仪器以及后世更大规模的实验设备，与工艺的进步、近代工业的发展是分不开的。

望远镜、显微镜、温度计、气压计、抽气机、钟摆被相继制造出来。人们用望远镜来看月亮，看到月亮上的山脉和凹坑。更好的望远镜让人们看到行星上的情况。它们明明白白是一些物质体，而不是自古以来所相信的纯天界的、纯精神的东西。Kosmos（宇宙）这个词，意谓着一个有秩序的世界，而最重要的秩序就是天地之别。在西方哲学—科学传统中，人类居住的地界和众神居住的天界一直有霄壤之别。伽利略用望远镜看到天体是物质的而不是纯精神的，伽利略—牛顿的力学体系则从理论上揭示了天地共同遵守着同样的定律。天和地的区分被取消了，两界合一了，柯瓦雷把这个根本的转变叫作"宇宙的坍塌"。后来海德格尔说，在我们这个世界，众神无处居住。

一旦认识到星星是自然天体，宇宙空间的新观念就自然而然产生了，为牛顿的空间观做好了准备。按照牛顿的空间观念，空间在任何方向上都是无差别的，都是均匀的。这种观念在我们今天看来是那么自然，但这个观念其实只有几百年的历史。

通过仪器来观察世界改变了世界的景貌，甚至可以说改变了我们对现实世界的定义。考夫曼说道"近代物理科学的总进路是彻头彻尾机械论的"，他解释说，机械论在这里并不是在粗糙的意义上指齿轮、杠杆、滑轮，而是指"试图把全部现实还原为具体的物理定律，在那里，唯一真正重要的性质是那些我们能够用光谱仪、电流计、摄影胶片这类器械加以测量的性质"。

人们通过显微镜看到了毛细血管、肌肉纤维、血球、精子，看到了细菌。人们用显微镜发现软木塞里有很多孔，继而发现这些小孔不仅在软木塞这种死的东西里有，在活的东西里也有。人们逐渐明白，植物和动物是由一些当时叫作 cell 的东西构成的，我们后来把 cell 这一术语译做"细胞"。对这些微观世界的观察，改变了我们对植物、动物、身体的理解。

仪器和实验是联系在一起的。大多数仪器本来就是为了进行某种实验发明出来的。从伽利略开始，在各个新成立的科学院，实验热情陡然高涨。在西芒托学院，托里拆利进行了真空实验，维维安尼进行了气压实验、冰膨胀系数测量、凹镜聚焦实验。利用气压计，人们测定了气压随山的高度不断变化。波义耳在胡克的帮助下，改进了空气唧筒，完成了他的著名实验，确定了波义耳定律。

这些观察、实验、新思路、新概念，总体上对宗教权威构成了威胁。近代初期的科学家多半是虔诚的基督教徒，而且，宗教思想对他们的科学工作构成了重要的启发和指导。人们常引用牛顿来说明这一点，经常提到这个事实：在晚年，他专注于《圣经》研究远甚于科学研究。但所有这些事实并不减弱近代科学所获得的自主性。韦斯特福尔在《近代科学的建构》中提到牛顿写给 T. 伯内特的一封信。在这封著名的信里，牛顿运用科学证据来论证《创世记》的可靠性。韦斯特福尔评论说：在这封信里，《圣经》与科学"两者的角色恰好倒转过来。牛顿本人无疑会拒绝接受这个评论，但我们不能忽略信中的含义，尽管那很可能是无意识的"。韦斯特福尔总结说，从 17 世纪起，科学就开始"将原来以基督教为中心的文化变革成为现在这样以科学为中心的文化"。

## 机械论与数学化

科学所挑战的不仅是宗教观念，它从根本上挑战我们对世界的日常看法。科学热衷于实验和观测仪器为我们提供的事实，这些事实不再是我们直接经验到的，它们不曾参与塑造我们的心智，相应地，旧有的心智也不能理解这些现象。要解释这些新现象，以往的概念和理论显然远不敷用。科学家们改造旧概念，营造新概念，用这些概念建构新理论。这些概念不是直接从我们的经验中生长出来的，它们的意义在于解释观察资料和实验结果，而不是理解我们的直接经验。它们是些技术性的概念，逐渐不受自然语言的束缚，而在一个理论体系中互相定义。

韦斯特福尔在《近代科学的建构》的导言里概括说：

> 两个主题统治着17世纪的科学革命——柏拉图—毕达哥拉斯传统和机械论哲学。柏拉图—毕达哥拉斯传统以几何关系来看待自然界，确信宇宙是按照数学秩序原理建构的；机械论哲学则确信自然是一架巨大的机器，并寻求解释现象后面隐藏的机制。……这两种倾向并非总是融洽吻合的……科学革命的充分完成要求消除这两个主导倾向之间的张力。

笛卡尔是系统表述机械论的第一人。他第一个系统使用"自然规律"这一表达式。像伽利略一样，笛卡尔也使得地上运动和天上运动服从同样的法则、机制。所有的物质都为同样的自然规律所支配，植物、动物、人体概莫能外。由于笛卡尔并不否认精神的存在，在他的机械论背景上，物质—精神二元论就成为难以避免的后果。这种二元论取代了传统上的由高级到低级的连续的"存在之链"。不过，如伯特指出，"笛卡尔对精神实体兴趣不大，对它的描述极为简短"，而且，"对科学和哲学随后的整个发展具有根本意义的是，这个勉强赋予心灵的位置极其贫乏，绝不超过与之相结合的身体的一个不同的部分"。近代科学思想整体上处在笛卡尔机械论的笼罩之下，在这个框架之内，看来只有两个选择，要么接受二元论，要么把精神还原为机械的东西。拉梅特里选择了后者。笛卡尔把动物看作机器，拉梅特里说：人是机器。按照伯特的草描：现在，世界变成了一部无限的、一成不变的数学机器。不仅人丧失了它在宇宙目的论中的崇高地位，而且在经院学者那儿构成物理世界之本质的一切东西，那些使世界活泼可爱、富有精神的东西，都被聚集起来，塞进这些动荡、渺小、临时的位置之中，我们把这些位置称为人的神经系统和循环系统。

数学化与机械论之间存在着某种张力，韦斯特福尔在《近代科学的建构》一书中对两者之间一开始所显示的不融洽作了多方考察。不过另一方面，他也提到，从一开始也同样显露出两者遥相呼应的苗头。笛卡尔所谓的自然规律是通过数学方法所揭示的数量上的机械规律。万物都可以还原为长宽高以及运动这几样基本元素。"给我运动和广延，我就能构造出世界"。因为"机械论哲学的基本主张之一就是物质的同质性，物质被区分开来，仅仅是凭借物质粒子的形状、大小、运动"。

波义耳则更具体地展现了机械论和数学化的统一：波义耳定律对空气作出了数学描述，把压强和体积联系起来，波义耳是个原子论者，他设想空气由很多微粒组成，每个微粒都具有弹性，借此为空气压强定律提供了物理解释。到牛顿，通过系统地重构力这个概念，数学化和机械论水乳交融，再不可分割。

牛顿既是数学天才，也是实验天才。像伽利略一样，他把数学和实验结合起来，为近代科学的研究模式树立了典范。

尽管在科学时代，大多数思想家都意识到数学应该成为科学的语言，但真正做到这一点的是牛顿。数学取代形而上学成为理解世界的总原理。牛顿的主要著作题为《自然哲学的数学原理》，但他在谈到这本书的时候，经常不说数学原理，而径称为"哲学原理"，夸耀说在使原理数学化的过程中，他创立了一门不同于一般哲学的自然哲学。

牛顿系统地提供了近代力学的时空观。几何化的空间取代了亚里士多德的位置连续系统。无限空间中没有中心，也没有天然的处所、位置。地球的独一无二性消失了，地球上所有位置的固定性也消失了。

在这个新的时空观框架里，牛顿总结了关于运动的三大定理，即通常所称的惯性定律、加速度定律、反作用定律。我们记得，位移，即后世力学所理解的运动，在亚里士多德那里意谓的是远为广泛的运动—活动—变化的一种而已。位移这种运动和植物的生长、青年的教育在概念中是连续的，因此不存在用位移运动来还原其他活动的要求。在牛顿那里，运动和位移成了同义词。在此后的两三百年里，机械论者一直努力把所有其他形式的运动都还原为位移。

牛顿落实了万有引力学说。此前，开普勒曾为行星的运动轨道提供了几何学解释，但他没有提供动力学解释。这是由万有引力提供的。但是，万有引力本身得不到解释。其结果是，一些人为引入万有引力欢呼，一些人极力抗拒这个概念。

## 科学世界图景

牛顿是近代科学的集大成者。从牛顿开始，我们有了一幅科学的世界图景。柯瓦雷在回顾这幅宏大图景时不无感叹：它"把一个我们生活、相爱并且消亡在其中的质的可感世界，替换成了一个量的、几何实体化了的世界，在这个世界里，任何一样事物都有自己的位置，唯独人失去了位置"。这一感叹与伯特的感叹遥相呼应。

近代开始的时候，在笛卡尔和牛顿那里，哲学与科学是连成一片的，甚至仍然是一回事，但两者就从那时起开始分离。牛顿那时，英语里还没有science（科学）、scientist（科学家）这些词，他的主要著作是以《自然哲学的数学原理》为题的。他是个哲学家，实验哲学家。然而我们讲哲学史，通常不讲牛顿，或者一笔带过。这也是有道理的，因为恰恰从那时起，哲学—科学的传统走到尽头，哲学与科学开始分道扬镳。牛顿在我们今天称作哲学的领域里没作出什么贡献，然而，他从外部对改变哲学发展方向所发生的作用是划时代的。

哲学一开始是要寻求真理，理解我们置身其中的世界。我们所要理解的是我们所经验到的那些东西——无论是个人的经验，还是人类共同的经验；无论是对心理的体验，还是对世界的经验。火会烫着人，水往低处流，人会做梦，男女交合会生孩子，日月循环，众星永恒，这些是我们经验到的世界，为这个经验到的世界提供解释，这是哲学—科学的事业。科学也是要寻求真理，但它不满足于我们被动地经验到的世界的真相，它通过仪器和实验，拷问自然，迫使自然吐露出更深一层的秘密。要解释这些秘密，古代传下来的智慧和方式就逐渐显出其不足。从伽利略开始，科学家告诉我们，仪器和实验所揭示出来的现象证明了常识并不具有终极的说服力。常识式的理性不够用了，人们学会求助于数理式的理性。新的物理理论以数学作为科学的原理,与此相应,新概念以通向量化为特征,它们有助于把各种资料数量化。近代科学之父伽利略宣称:"大自然这部书是用数学文字写成的。"这可以看作近代科学的总宣言。哥白尼的日心说、伽利略的运动观、笛卡尔对动物以及人的机体的机械解释,离我们的常识和经验越来越远。"如果我们从经验出发,那么我们以亚里士多德的力学为终点可能更贴切一些,因为它是一个十分成熟的经验分析。相反,伽利略以经验从来不知的理想化条件的分析为出发点。"

近代始于对古典时代的复兴,但人们很快看到,它远不是一场复兴,而是一个崭新的时代。科学经过两三百年的发展,一开始是自然科学的成熟,然后,大致在19世纪、20世纪之交,社会科学先后获得自治。回过头来看,是希腊思想的哲学方式为近代科学奠定了基础。当然,我不知道从希腊哲学是否必然会发展出近代科学,但没有人会怀疑,到了伽利略和牛顿之后,思想的科学发展就不可能再逆转了。

# 辑三

与信仰、精神生活相对的，财富、权力、色情，这些是最世俗的东西。这些东西从来就在那儿，只不过，今天信仰和精神的衰落，这些世俗的东西"赤裸裸"地发挥力量。而在过去，信仰和精神传统会起到缓冲作用。

# 东西文化思想源流的若干差异

我讲的题目是"东西文化思想源流的若干差异",这不是我的专业,文化比较本来也算不上一个专业,因为特别宽泛。特别宽泛的话题人人都可以讲一点儿,我就属于人人里头的一个。

中西文化差异太多了,可以描述,也可以分析,在这么一个短短的讲座里讲不了很多,而且罗列一大堆这个差异、那个差异,肯定挺无趣的。从题目当中可以看到,我要从两个角度来探讨。第一个是比较侧重历史的。"文化"这个词有人统计过有十几个定义,甚至有一本书里面列了一百六十个定义。余英时先生曾经总结说,这一百六十个定义里面最重要的是完整性和历史性,而我认为甚至连完整性在很大程度上都是由历史性规定的,所以讲文化要多从历史方面来讲。而且 culture(文化)这个词本身就已经提示了一个强烈的历史的纬度,现在讲文化规划,其实"规划"就是一个非历史性的词,文化靠生长、培养,没法靠规划。

第二点,我讲的比较靠近思想这一块。文化是一个特别大的概念,几乎是漫无边际的,我要讲的比较靠近文化和思想交会的这一块,当然即使这一块我也只能讲很少一点儿内容。

整个题目以及我今天要讲的,背后都有一个问题,可以说是一个哲学问题，大致是关于普遍性的问题。关于普遍性，我们有两种比较基本的看法。一种普遍性我称它为抽象普遍性，各种文化的共相、共同点。各种文化究竟有没有共同点？这些共同点重要不重要？另外一种我有时候称它为渗透的普遍性，或者延伸的普遍性，是从特定的文化出发，然后进入一种对话、交往。我个人是持后一种态度的。讲到中西文化等等问题的时候，普遍性作为哲学问题肯定一直是放在背后的。

简短地讲一下历史上出现的中西文化比较。文化比较作为一个概念虽然比较新，但今天我们有了这个概念，回过头去看，可以说人们早在一千年前、两千年前就开始做文化比较。中国早期的文化比较一般是用"夷夏之辨"这样的说法。什么是华夏文化？什么是蛮夷？某种意义上，蛮夷就是没文化，华夏就是有文化，文化就是用华夏去化蛮夷。一般说起来，在鸦片战争之前漫长的中国历史上，基本上中国人都没有怀疑，认为中华文明华夏文化是文化，是最高的文化，最好的文化。从来没有怀疑过，这是想当然的事情。

西方不完全是这样。比如说希腊人，他们也跟中国的古人一样，把自己看作文明人，把周边的民族看作 barbarians（野蛮人）。但是比如希罗多德，就是西方第一部历史的作者，他在《历史》，也叫《希波战争史》这本书里头，也说到希腊的文明、文化是最好的，但是他这个最好很大程度是在跟别的文化比较了之后得出的。这跟中国有点儿不一样，我刚才讲了，中国人不是在比较了之后觉得自己的文化是最好的，而根本上就是把中国文化是最好的当作不言自明，当然这种心态和看法，近一个半世纪以来强烈地改变了。

文化比较这个概念是比较新的，而且慢慢形成了一个学科。作为一个学科好像是中性的研究，但是实际情况不完全是这样。其中有一点就是，文化比较在中国更多的是在对自己的文化不是那么天然自信之后才热衷起来的。以前中国人对自己的文化极为自信，就没有想到文化比较，甚至"文化"这个词就是指我们去"化"人家，叫作文化。文化比较是相对比较弱势的一种文化容易采纳的事情。而一种强势的文化更多的是做"文化研究"。这种"文化研究"跟"文化比较"有点儿相反，更多的是从强势文化的角度去看待别的文化，多多少少是站在一个较高的立场上的。说到底，"文化比较""文化研究"都是很难和我们的立场、感情完全分开的。这种情况有点儿像人类学，人类学好像天然是一个变得先进的民族反过来研究较为落后的民族，比如说西方民族来研究中国，研究非洲，等等。当然人类学现在也在反省这样一种姿态，但这种姿态多多少少是内在于这个学科的。

再进一步讲中西文化比较的历史。虽然中西交通已经有很多年，我们甚至跟罗马也有过交道，但是这些交道都是相当间接的。比较突出的事件是马可·波罗的《中国行纪》，这本书的真伪不能百分之百的确定，但是从这本书出来之后一直到现在的影响是实实在在的。马可·波罗到中国来是元朝初年，那个时候中国文明可以说发展到了至少是最高峰之一。要从文治武功里面的文治来说，宋朝是各个朝代中文治程度最高的。反过来，那个时候正是欧洲到了中世纪，刚刚进入小复兴的时期。在马可·波罗眼中，《行纪》中的中国，是一个绝对辉煌的文明。此后比较多的中西交通是西方人到中国来传教。他们大多是一些传教士,是一些有信仰的人,在这个意义上当然会认为基督教是更高的文明。但当他们来到中国之后,中国文化和中国文明给他们留下了深刻的印象。明朝虽然有种种问题,但是作为一个大的文明还是很昌盛的。

再后来中西交往就比较多了,我特别愿意提到 1793 年马嘎尔尼访华,希望跟中国通商的事件。关于这个事件,后来有个法国人写了一本书叫《停滞的帝国》。这本书我很愿意推荐大家看。当时是乾隆晚年,马嘎尔尼访华,想要和中国通商,但后来灰头土脸地回去了。主要的争端是为了一件事情。按照天朝的规矩,马嘎尔尼见到乾隆要跪着,但他没有这个习惯,他作为英王的代表也不能向外国的国王下跪,没有这个道理。为了这个细节双方反复地争论,最后马嘎尔尼回去了。他是当时英国最有希望的政治外交的新星,但是由于这次失败,他回国之后的政治生涯很不顺利。这对马嘎尔尼个人来说,是一次巨大的失败。

更大的失败则是对中西这两个世界。争论是关于跪与不跪,但后面有个大背景。西方人要跟中国人做生意,他们觉得要签合同,要有一套谅解和手续,来做平等的生意。而对于乾隆来说,对于清朝人来说,只有进贡和赏赐,他们要维持的是这个形式。最关键的是中国人不觉得自己缺什么,这在乾隆的有关记录中,以及其他好多文件里都可以看到。中国人觉得,所谓贸易就是你来求我。

马嘎尔尼访华是在 1793 年。读过雨果的《九三年》等小说,我们就知道当时的欧洲,大概就是法国革命前后的样子。在 1793 年之前的一个世纪,也就是 18 世纪,欧洲发生了翻天覆地的变化，诸如工业革命，等等。如果马嘎尔尼早一百年来中国，他会感到中华帝国是一个繁荣的国家，中国文明是一个高等的文明。但是当他访华回去，从有关记录，尤其是翻译官做的日记和笔记，已经能看出欧洲人相对中国人站在了比较优势的地位上，虽然还没有鸦片战争之后那样的优越，但是可以看到他们对中国从民生一直到官员，以及政治方式，诸如此类，颇看不起，多有批评。当然也有一些夸奖。这与元朝初年的中西态势已经完全不一样了。

下面我想从中国人的眼光来看。当时的中国人没有跑到西方去，他们是通过跟传教士的交往，像徐光启、李鸿藻等人，他们从不多的西方传教士身上，从传教士所带来的科学和哲学中看到了一个伟大的文明，就在这些人的背后。在这种伟大文明的映照下，可以看到中国文化传统当中的缺陷。在宋明的时候，这种缺陷中国人很难看到。因为相对于周边地带，中华文明的辉煌和优秀是压倒性的。

后面的故事我就从略，其实更重要，只不过大家也更熟悉。鸦片战争中，英国人派出区区几艘军舰，而我们大清帝国动用了全国的军队跟他们作战，一次鸦片战争，接着二次鸦片战争。可以说在英国人的一方，几乎没有什么大伤亡。把中华帝国这么一个巨大帝国打败的战争中，他们居然没有什么伤亡，大多数所谓伤亡是非战斗性的，只是因为长途的航海中有人得了痢疾，水土不服，等等。从 1840 年到 1861 年，中英国力相差如此之大，中国人特别是士大夫阶层不可能看不到，这种差别是摆在那儿的。像林则徐等相对先知先觉的人看得更清楚一些，到了后面 19 世纪末的时候，可以说，所有有知识的人都看得很清楚。

这个时候掀起了中西文化比较的一轮高潮，这当然才是更重要的主题，因为大家比较熟悉了，我就不太多讲。大致可以这么说，我们这种文化比较一开始是从器物层面开始的，然后进入政治制度的层面，然后进入文化的层面。一开始，我们承认或者至少有一大批人开始承认西方的器物是高于我们，然后可能到了严复那里，这时候，有一批先知先觉的读书人认识到西方政治制度优于我们。然后，尤其是在"一战"前后，更多的人开始谈论文化。

从此以后就有各种各样的观点，这些观点一直流传到今天，差不多一百年了，我们仍然在继续"五四"前后的这些争论。我不分析这些观点，我只说两个极端。一个极端就是像胡适他们讲的，他们认为中国文化独有的宝贝就是姨太太、小脚、拉洋车，等等。你不叫中国特色吗，这些东西就是我们的特色。中国有没有好东西呢？有，中国有很多好东西，但好东西西方都有，真正中国有西方没有的就是这些东西。我并不是说胡适他们的主张就是主流，但是的确声势非常浩大。

这样一种提法自然就带来了一种所谓反弹，就是关于中西文化的再反省，这是由梁漱溟这些人所代表的。这些代表就提出，谈不上西方文化更有优势，中国在文化上并不差，中国是差在器物、制度或者运气。当然这时候诸如中国文化一定比西方文化高或者好，这样的说法也比较少。我前面提到，文化比较往往是弱势民族的话题，基本上不是要用一种居高临下的角度去比较，而是想通过这种比较使大家拉平。因为文化是特殊的东西，西方人有西方人的文化，中国人有中国人的文化，怎么比呢？不大好比。

所以文化比较争取的目标是一种持平。不过我后面会说到，等到真正比较下来之后，往往是通过这样一种策略，最后还是要证明中华文明、中国的文化是一种更高明的文化。

我们也知道到了鼎革之后，也就是1949年之后，就谈不上什么文化比较了，基本上一切话题都政治化了。一直到八十年代的时候，文化比较形成了又一次大高潮。八十年代的文化热，热得不得了。比如当时我们以甘阳为首的一批人组织了一套丛书，名字就叫《文化：中国与世界》，把所有的哲学等等问题都笼在文化这个筐里了。这在很大程度上是二十年代文化比较的翻版，实际上八十年代我们这些人受教育不是很够，对以前的事情了解不多，所以经常是把前人其实已经讨论过的事情，又讨论了一遍，可能深度、广度还不一定比得上前人。不过八十年代文化热还有一个原因，有些人其实是想谈政治，但不让谈，于是就迂回谈文化。这跟二十年代就有些不一样了，二十年代是先说政治，后来发现政治后面还有更深的东西是文化，这是从器物到制度到文化的一种脉络，八十年代则在很大程度上是一下子就跳到文化上去了。

到今天，所有这些文化比较的话题还在重复，我个人看也未见得深入了很多。不过随着"中国崛起"，大家的感觉有点儿不一样了。应该说八十年代的时候，中国人的文化自信是降到了极低的水平上，到今天可能情况已经不太一样。

我前面借着讲中西文化比较的历史，已经把中西文化比较的一些内容说出来了，其实这也不是我说的，我能说的新鲜东西不多。前人已经说了那么多，你要再添点儿新东西很难。现在我想讲讲文化比较的难处。

我虽然爱好历史，但本身不是读历史的，读的是哲学，对概念上的困难和概念上的东西更感兴趣，所以我想谈一下文化比较的难处。

第一，"文化"这个概念非常宽，非常杂。到底什么是文化？我刚才讲了，有人做了几十种、上百种的定义，到今天我们什么都叫文化，比如饮食文化，甚至厕所文化也不是没有人说，各种各样的文化，到底你谈的是哪一部分？

另外，"东方"和"西方"这两个概念也是又宽又杂。希腊也是西方，罗马也是西方，是不是希伯来也是西方？阿拉伯在西方人看来是东方，实际上早的时候西方人说东方不指咱们，咱们这块叫远东。他们讲东方一般就是指阿拉伯、小亚西亚这一块，后来发现还有更东方的地方，"东方"已经用掉了，没有办法，所以叫远东了。阿拉伯在西方人看来是东方，但是在我们看来是不是西方？美国当然也是西方。日本是不是也算西方？还有印度呢？

"东方"当然有日本，有印度，有中国，诸如此类，但中国跟日本的文化差异有那么多，这方面的比较也很多。虽然我们老说日本人从中国汲取文化，当然是这样，但是日本人跟中国人太不一样了，无论是文化和个人性格都跟中国人差得特别多。我讲一个非常突出的特点。有本书叫《菊花与刀》，其中讲到一点，美国人在"二战"之后进驻日本，原本想着日本人是那么不服输的民族，要占领得冒很大风险，他们设想美国人走到哪里都会受到攻击，结果事情完全不是如此。日本人在认输之前搏斗绝对不要命，但是一旦认输就完全认了。从中就能看到，中国人的性格和日本人的性格很不一样。

文化比较的困难除了地域上的广泛之外，还有一个历史上的广泛这一问题。历史的广泛问题还带来了另外一个问题，这个问题人们早就注意到了，就是哪些是属于西方文化的，哪些是属于近代文明的，这个特别地难分。几乎大多数论者都会论及这一点，以前北大的冯友兰先生也讲过这个话题，持比较极端的观点，认为所谓中西之差异就是古今的差异。现在可能没有什么人再持这样极端的观点了，但是这中间肯定有很多分不出来的东西。

再下面一个问题可能要比前面几个问题更困难一些，就是作为一门学问或者是一项研究，文化比较在多大程度上是真正的研究，而不是一种感情的宣泄或者是一种感情的策略？人文学科一般说起来都带一点儿感情，哪些是感情，哪些是研究，经常会掺和在一起，这跟研究量子力学是不太一样的。比如我们经常会听到一些概括，说中国人讲"合"，西方人讲"分"，乍一听好像是在公平地说双方各自的特点儿，其实讲话人大概已经想好了，"合"总是比"分"要好一点儿。更不用说中国人讲"和谐"，似乎意味着西方人讲"不和谐"，你好像是在描述，但实际上已经占尽先机了。

像梁漱溟的讲法好似很中肯，说西方人是向前看，印度人是向后看，中国人是持中。看起来这也是一个描述，但实际上后面梁漱溟也讲到了中国人既不像印度人那样耽于轮回这类事情，也不像西方人一味功利，最后讲来讲去还是中国人的文化比较对。钱穆有一篇小文章讲"道理"，他一上来就讲中国这个民族是最讲道理的民族。他后面还有很细的分析，说"道"和"理"还不一样，道近于宗教而理近于科学。不过最后又说，道即理，理即道，于是乎道与理贯通融会，胜于西方人要么走向宗教的极端，要么走向科学的极端。

梁漱溟、钱穆都是大家，而且看起来都是以学术方式来讨论这个问题。确实，谈文化是很动感情的，有的人讲西方好，西方好得不得了，再看中国什么都不对。反过来，尤其这些年国学热，有些人觉得中国好，你说一句中国不好他都想要跟你急。这个话题很动感情，那么我们怎么能够把这个感情和客观公正联系在一起呢？关于这个问题，我想提一点。爱一个东西，爱中华民族和中华文化，原则上跟看到其缺点并不很矛盾。实际上像胡适、鲁迅、周作人他们批评中国文化批得很凶，讲西方好得不得了，但我们知道这些人都是爱中国文化爱得不得了的人。如果中国文化还有传承，那你恐怕绕不过鲁迅、周作人、胡适这些人。好像有个特点，夸中国文化好的都比较迂回，好像都是在讲文化平等，只是暗中在夸中国。而骂中国文化的，骂得比较直，像鲁迅、胡适把中国文化骂成那个样子，他们为什么敢骂，很大程度上是因为爱中国文化，这一点人人都能看出来。所以我想说，感情和批评、分析不是像表面看起来那么矛盾的，我甚至觉得非要把两者联系起来有点儿幼稚，字面上的幼稚，就好像小孩子爱爸爸和妈妈，说他爸爸最有钱，他妈妈最漂亮。我们成年人一般不这样，在全世界成千上万的女儿里，我最爱我自己的女儿，但我不会主张她是所有女孩里最聪明、最漂亮、最懂事的。

最后我想说，我们刚才讲到这些困难，差不多都牵扯到一个困难，就是过度概括的困难。我们一讲就是东方、西方，但你讲的"西方"是哪儿，西方那么多国家，那么长的历史。但我们也不可能在反对概括这方面持非常极端的态度，干脆不做概括。那是做不到的。泛泛批评别人太概括，这样的批评不是中肯的批评，也太容易了。实际上，虽然都是概括，但有的概括就比另外的概括来得好，能够给人更多的启发。比如费孝通谈到中西文化差别的时候，他说中国文化是特殊主义的，是一种差序格局，不是一下子就人类都平等了，一下子都爱了，他是从爱亲人、爱亲近的人，一点点扩展出去的。这样的概括并不是要给人像物理学那样的普遍真理，基本上是一种启发性的东西。

再比如许倬云对中国文化讲过一句好玩的话，他说中国文化有三原色，一个是亲缘团体，一个是精耕细作，还有一个文官制度，这是中国三大特色。他接下来又讲，这三原色至少已经去了两个半了。我为什么觉得这个话有一点儿好玩呢？我们讲中西文化，可以想一想，中国人和西方人现在到底还有多大程度的文化差，这些文化差意味着什么？没有一个显而易见的回答。我们讲全球化也好，国际化也好，最最突出的特点就是我们，特别是你们，学生们，从一生出来甚至还没生出来一直到现在，生活中的点点滴滴差不多跟一个西方人差不太多，至少在外部环境差得不太多。你在医院里出生，他也是医院里出生的；你上幼儿园，幼儿园是西式的，小学、中学、大学也都是西方的建制和课程；你坐公共汽车，公共汽车也是西方的；你看电视，电视也是西方的。这一整套东西有多少是西方的？这个问题的确需要重新想一想。

另外一方面，虽然我们老讲中西文化差异，但是如果眼睛不仅盯着西方，把其他文化也放在视野里面，那么中国的文化传统跟欧洲的文化传统其实特别接近。这两个文化首先都是北半球文化，都是温带文化，跟热带、寒带的文化就不一样。这两大文化传统或者文明传统都讲究勤劳、上进、建功立业，相对而言，都是既重视政治制度的公平，也重视个人尊严。从地域上讲，我们跟日本、印度是邻国，但从文化上讲，我们中国人甚至很有可能觉得，跟一个欧美人一旦成为朋友，互相的理解会容易得多，更加深入，比跟一个日本人、印度人要来得深入。

这两支文明都是所谓"成功"的文明，这两支文明一直是生生不息的。有人说，中国文明是全世界的文明中唯一没有中断的文明，西方文明的蜕变比中国文明是明显一点儿，但这也是西方文明的一个特点，它通过蜕变来保持文明的延续发展。现在西方人仍然认希腊、罗马为家园，这种感觉很有点儿像我们认先秦为家园，西周为家园。在这个意义上，西方也是持续的文明。这两大文明可以说是人类文明史上真正持续两三千年的文明，一直是主流的文明。变化发生在19世纪中西两个文明的相撞，清朝处在衰落时期，欧洲则正是崛起的时候，在这么一个背景下相撞，这是中国比较不幸的地方。如果这种遭遇是在康熙年间，现在的世界格局，至少从我们中国人的角度来看，肯定跟现在不会一样。

中国文化人和欧洲文化人还有一个共同点，就是对自己的文化有高度的自豪感和优越感，这种优越感在多元文化背景下是需要在一定程度或者一定意义上去克服的，但是它的存在是一个事实。当然这个事实在中国这一百多年的历史当中要打些折扣。还跟这种文化优越感有关系的，就是这两种文化在比较强盛的时候都是高度宽容的。我们的汉朝、唐朝、宋朝，与外来文化的关系不是那么紧张，而今天对外国的东西，在观念上的紧张还超过了那些时候。

我差不多把文化比较方方面面都讲了一下，下面稍微讲两个集中一点儿的话题，一个是政治文化方面的，一个是更靠近思想这一边的，这两者有点儿联系，可以当作一个事情的两个侧面来说。

中国的政治史，跟西方最突出的不同，就是中国基本上是一个以"合"为主流的比较单一的政治体，西方则是一个比较分散的政治体。这种情况可能从周朝就开始了，已经和西方有差别了。周朝的版图，现在知道得不那么确切，大致知道的是今天所谓的渭河河谷一直延伸过来，包括河南、河北、山东的北部、安徽的北部，等等，这些地方已经有规模很大的文化群，这些文化区互相认同，有点儿像希腊人的互相认同，但是两者也有很大的区别。古希腊人在希腊文化上的确是自我认同为希腊人，但是希腊人没有一个中心，不像我们整个周文化一直有一个中心。西周有一个中心，东周不太一样，是中国历史上一次所谓的分裂时期。不过即使是春秋战国时期，仍有一种趋向于统一的趋势。甚至可以说，这种趋势从平王东迁以后就已经开始，基本上整个春秋战国是一个不断吞并的历史，从小的诸侯国合并成较大诸侯国，从较大诸侯国到大的诸侯国，最后被秦朝统一。我们为什么有这个趋势？我回答不了，像这样的问题也从来没有唯一的答案。大体上可以说，中国历史分裂的时期大概占到三分之一或者三分之一略强，总的来说是一种统一的文明。在中国人的心目中，分裂始终是不正常的，中国人始终把一个大一统的国家或者是大一统的文化看作正常情况。这跟欧洲正好相反。我们都知道，欧洲真正的统一大概只有两次，一次是在亚历山大大帝的时候，这个时间很短。还有一次是在罗马帝国。在欧洲政治体中跟中国比较接近的就是罗马帝国,碰巧罗马帝国最强盛的那一段时间,中国是汉朝,汉朝和罗马帝国有很多的可比性。总的来说,欧洲是一种分的状态,这种分使得欧洲与中国产生了很多差异。我提一点点前人可能讲得不是那么多的,就是这分使得西方的城市跟中国的城市有了不同的意义。西方的城市,比如说希腊的城邦,和周朝的城邑是挺接近的,它们都像处在茫茫旷野中的据点。但是欧洲的城市一直具有政治上的独立性,希腊城邦是最突出的例子。一个城邦(polis)就是一个国家,"polis"翻译成城市不行,翻译成城邦就是想取城市国家的意思。中国的城市则基本上没有起过政治独立的功能,更多的是商业功能、交通功能等其他功能。欧洲政治文化中有一大块是关于"公民"的,公民身份、公民意识;citizen(公民、市民)这个词当然是从 city(城市)来的,这在中国政治中是从来没有的,只有周朝时候所说的"国人"有那么一点儿接近之处。

我觉得,从这一点考虑中国政治文化和西方政治文化,有着根本的意义。比如说,"五四"时候谈得最多的是科学与民主,认为科学与民主是西方的特点。把西方描述成民主的,对于当时的人来说有一定的道理,因为当时的发达国家实行的多是民主制,但是把民主拎出来作为西方的特点,从历史上来看就不行。我们知道民主政治基本上产生在古希腊,在古希腊的这些政治思想家是怎么考虑民主的呢?一般古希腊人认为有三种主要的统治方法:一种是一个人的统治,就是所谓王制;一种是少数人统治,就是寡头制;还有一种是多数人的统治,就是民主。希腊的政治哲学家当然观点各个不同，有的喜欢王制，有的喜欢寡头制或民主制。多数人统治是否是最好的？应该说，大多数人对民主制并不是太看好，从实行来说民主制也并不广泛。但是碰巧雅典实行的是民主制，而雅典是个优秀的城邦，并一度成为整个希腊世界的霸主。外在的成功当然会让我们更正面地看待那个政治制度，但民主制是不是跟雅典兴盛有必然联系，这是值得研究的问题；今天的民主制跟西方的强大是何种联系，在多大程度上是偶然或者内在的，这都是可以研究的。

总之，在希腊之后，民主制在西方也差不多是灭绝的东西，所以从历史上说，不能把民主制看作西方的特点，但是在很大程度上可以把"公民"当作西方的特点。公民在古希腊的重要性自然不用多说，民主制由谁来选举，当然是公民了。就算罗马，无论是在王政时期、共和时期还是帝国时期，"公民"都是特别重要的政治概念。在中世纪，它仍然是一个重要的概念，虽然不如以前重要。再后来，文艺复兴前后，西方的这些城市再次崛起。西方的近代化开始出现在城市，特别是意大利北部这些城市。这些城市多多少少都拥有自主权，它们虽然属于某一贵族，但是城市人主要是指商人，他们买断了城市的行政权力——这些城市工商阶级保障为贵族提供更多更稳定的税收，贵族就可能出让他管辖城市的权力，这些城市就获得自治。

"公民"这个西方历史中的因素，贯穿希腊直到现代，但中国没有这个概念。即使今天，如果你要检查中国人的政治意识，会发现仍然特别缺乏公民意识。我这样说不是贬义，并不是说缺乏公民意识，中国人的生活就没有了保障。西方人也是有时候有保障,有时候没有。翻开历史我们会看到,中国历史上充满了残酷的压迫、剥削、残杀,但是欧洲也一样,历史上都是有那么多残酷的事。我们没有公民概念,但是有所谓民本思想。人民生活的保障,不是通过伸张权利,而是通过以民为本的传统思想,例如官员和士人为民请命诸如此类。民本思想在欧洲不见得没有,但近代以前,一直不占主流。

一般认为民本思想开始于孟子。我们泛泛地说孔孟都是儒家,其实孔孟差别很大。孔子的政治诉求更多的是贵族之间的礼,关于民本说得不多。民本思想主要发源于孟子,历史上的儒家凡是强调民本的,多引孟子的言论。反过来,统治阶级,像朱元璋,他要控制思想,删经典,首先就删孟子书中的民本主张。

民本思想和中国独特的政治结构有关系。简短地说,这个政治结构就是,中国有士和士大夫的阶级,而这个阶级在欧洲从来没有出现过,最多有什么跟它有一点儿相像。士的历史我们有籍可查,是从孔子开始,紧接着是墨子,之后是儒墨两家,然后诸子百家。到秦汉之后,士的地位经历了一个巨大的转变。

士不像贵族或草莽英雄,由于血统或英雄气概获得权力,他们的长处是受过教育、富有理性。他们本身不是权力的来源,而是统治者的助手,帮统治者干事的。春秋战国时候,列国相持,士可以选择买家,此处不留爷,自有留爷处。秦统一中国之后,只有一个买家了,要干事,只能给一家皇帝干,不再有选择雇主的问题,最多是能选择干还是不干,那时称作出处问题。

士可以分成两种。一种只是统治者的工具,他们富有理性,但这个理性,相当于韦伯所说的工具理性。比如说我有一个小县城，不愿封给我的宗族，但还是需要有一个人去管理，我就在士里选一个能干的去管理。另外一种士是像孔子、墨子、孟子这些人所提倡的，他们认为士不光是给统治者干事，士还有一个使命，这个使命后来叫作"道统"。道统的源头是三代的治道。传说中三代好得不得了，统治都是合乎道的，因此就是治统和道统的合一。后来乱掉了，治统和道统分开了，权力和道统分开了，皇帝是权力的源泉，而三代的完美统治方式是通过道统、通过士传承下来。这时候，士只有一个可能的雇主，因此丧失了独立性，似乎只能依赖于皇权，但这种道统的意识形态给了士大夫阶层某种独立意识，他们并不只是皇帝的办事员，他们有某种独立的诉求——道统。构成道统的核心价值，就是民本。士大夫之所以要服从于皇帝，是因为需要皇帝的权力，皇帝赋予他权力才能保证民本的实现。所以他们劝谏皇帝，上疏、进谏，有时候是不要命的，比如海瑞抬着棺材去向嘉靖皇帝上疏。进谏的内容最后都落实到老百姓怎样怎样。我们讲中国政治文化中的官本位，老百姓不问制度只盼清官，这些说法都有道理。不过，中国的官不能完全理解为韦伯意义上的纯粹工具理性的官僚，他是要传"道"的。在很大程度上，民本的思想是因士大夫阶层的存在而存在的。我们看到在中国传统政治中，更多的是士大夫阶层通过落实民本思想来保障社会的安定和富足，而西方更多的是通过每一个公民自己以及公民社会进行权利上的斗争来保障自己的利益。虽然今天的中国跟传统上的中国相比已经面目全非了，但这一特点仍然依稀可见，在中国人的政治心理上仍然相当明显。

这样一个士大夫阶层，英语没有好的翻译法。我见到十多个相对通行的译法，有一种似乎稍好些，scholar officials，大概是学者官员的意思。这样一个皇权与秉持道统的士大夫阶层构成的统治结构是中国政治特有的。西方的统治结构主要是贵族制的，贵族之间联盟，大贵族、小贵族之间联盟，构成统治阶级，贵族自己没有文化，极端一点儿说，贵族就是传了几代的强盗。他们也不靠一个士大夫阶层来统治，政治上的平衡靠各自伸张其权利，而不是靠谁为民请命。反过来，中国的贵族制度在汉朝就已经大规模瓦解，到唐朝再次受到重创，到宋朝贵族制度可以说完全没有了。欧洲的文化人，比中国的读书人更接近于我们今天所说的自由知识分子。中世纪的文化主要由僧侣、教士传下来。总的说来，西方的文化人或者说知识分子与政权的联系相对松散，更多的是个体之间的联系。不像中国，整个士大夫阶层是作为帝国体制中的一个稳定阶层存在的，与政权有着内在的联系：没有他们就没有中国这两千年的政治史；反过来说，没有这样一个政治结构，也就没有中国士大夫阶层这种特殊的群体。

　　无论从社会身份上说，还是从思想内容上说，中国的士人都不大像西方的自由知识分子。他们在学问上、知识上，首先有的是政治关怀。他们的研究、思考方式始终都是高度的政治化、社会化或者说伦理化的。对于中国读书人来说，很难设想他会去从事纯粹智性的追求，而和政治伦理无关。实际上在传统社会中，如果一个读书人那么做了，大家会觉得他太古怪了，几乎要把他当作一个异类。不管是尊德性一派还是道问学一派，两派的基础都是尊德性，任何知识上的追求都是要跟"齐家、治国、平天下"连在一起，否则大家就会认为那只是低劣的知识，甚至是带有破坏性的知识。

我想从这一点讲到另外一点，也是大家经常提到的一点，为什么中国没有发展出科学。我写过一本小书叫作《哲学·科学·常识》，在里面谈到过这一问题。这个问题，所谓李约瑟问题的问法不太对，要问的不是中国为什么没有发展出科学，而是西方为什么发展出了近代科学。为什么呢？因为没有发展出近代科学是常态，除了欧洲，其他文明都没有发展出近代科学，而只有针对例外的情况我们才能问为什么。我举一个例子。比如说我们村有谁家生出一个毛孩来，我们就要问了，他们家怎么生出毛孩来？但你家邻居生了个正常孩子，你就不会去问他，你生孩子怎么没有生出毛孩来？李约瑟本人热爱中国文化，对中国文化在西方的传播做出巨大贡献，但所谓李约瑟问题的问法跟一大串政治文化比较中的问法一样，带有西方中心的惯性。只要跟西方不一样，我们就问为什么。它怎么没有民主制？它怎么没有发展出科学？它怎么没有公民意识？诸如此类。因为西方被看作自然的或者正当的，跟它不同的就要找原因了。实际上不应该这样问，大家都没有发展出近代科学，只有西方发展出来了，所以比较富有意义的问法是：西方怎么发展出来了？

西方从古希腊开始就有一种非常独特的精神，这种精神就是纯粹智性的追求，对无关利害的真理的追求。有很多例子。比如有一个关于阿基米德的传说，讲罗马人攻占叙拉古，阿基米德正在沙盘上画一个圆，罗马士兵打进来的时候，他护住沙盘，说："不要动我的圆！"这个故事不管是不是真的，都只在希腊传统中才会有，在西方传统中才会有。中国虽然也一直有人舍生取义、杀身成仁，比如崔杼杀了齐王，齐国的太史兄弟一个接一个甘愿杀头也非要记录这件事，非要写下"崔杼弑庄公"这几个字。但是，只有希腊传统下的人才会为一个"圆"舍生取义。有一个著名的例子是布鲁诺，他在火刑柱上还坚持说"地球绕着太阳旋转"。这些故事体现了西方人的纯智性追求，而这种追求在很大程度上就是理论能够得以发展的一个源头。

中国文化传统不像西方传统那样富于纯智性追求，这不是说中国人没有理性精神，或者中国人不讲科学。我想说，在"理性"这个词的一般意义上，中国人不比西方人缺少理性。我刚才讲到中国人和欧洲人有很多共同点，重理性就是一个突出的共同点。说起来，欧洲还有宗教，还有长期的中世纪，所以不如说中国人是更加重理性的。中国人当然更不缺聪明和技术，在两千年中，中国的技术不说比欧洲更发达，至少是不差。但是中国人始终没有理论兴趣，中国人的理论都是闹着玩的，不但历史上是这样，到今天也是这样，从阴阳五行理论到宋明新儒学的理论，一直到今天高喊的理论创新，都是闹着玩的，没有当过真。中国人在理论建设上是最没有成就的。我们这一两代人给世界文明增添了什么我不知道，但是你要问理论，我敢说的确没有增添什么。人家有一种人类学理论、社会性理论，我们去做田野研究，成为人家的理论的一个例证。

我们今天讲的是文化比较，是结合中西方的历史来讲的。一开始就说到，罗列中国文化和西方文化的不同点，可以写满两块黑板，但是哪怕罗列得相当准确，我们都会觉得没多大意思。为什么呢？因为我们看不到这些特点之间的联系，而这些联系在很大程度上是在深处联系的，这个深处恰恰就是历史。历史给予现实生活一种深度。历史不止是一个学科，各行各业都有它的历史。伯纳德·威廉姆斯（Bernard Williams）——很多人认为他是英国20世纪最出色的哲学家——他说过一句话，说历史会使我们熟悉的东西变得陌生，使陌生的东西变得熟悉。历史的眼光让你与现实之间产生了一种距离。我们生活在此时此世，我们总是倾向于把自己生活的那种方式、自己的那种观念、自己的周边世界当作理所当然，但是当你跳开看历史的时候，就会发现完全不是这样，你相信的东西、认识的东西都不是那么理所当然的。

更进一步说，由于历史是特殊的而给予了现实深度。我前面说到，爱我的祖国和文化并不意味着要把它说成在平面比较的意义上是最好的。你正好生活在中国，正好有这样的经历，碰到了这些人而不是那些人，这些并非完全必然的东西，这些带有偶然性的东西，对我们来说是最深刻的东西，是你最要执守的东西。历史特殊性、文化特殊性，常常被认为等同于历史相对主义或者文化相对主义。我在这里不谈相对主义这个大话题，但是我想说，在另一个意义上，特殊的东西恰恰是抵制坏的意义上的相对主义的东西，因为只有特殊的东西才是你能够执守的东西。现在，整个世界的发展看起来是在削弱特殊的东西，比如说随着交通的便捷，随着英语成为一种霸权语言，随着其他很多因素，文化的特殊性确实在减弱。大城市里的人这样生活，小城市的人也这样生活，镇子里的人也这样生活。一切都变成可以在同一个平面上进行比较的了，如果在美国我能挣更多的钱，我就移居到美国去。现实失去了深度，一切都放到同一个平面上来。然而，只有特殊的东西才是你生活意义的来源。这一种文化,这一个团体,他是你的儿子,她是你的老婆,这才是你的生活,这才是你全部意义的来源。那种抽象的普遍性,是我们智性生活中的中介物,不可能给我们的生活以意义。

最后这段话,算是为我用这种方式讲了两个小时做一个辩护吧。谢谢大家!

# 欲展清商曲，念子不能归！

## ——《王炜纪念文集》序

回国回北大教书不久，庆节从美国回来探亲，便约了庆节、王炜在我的课上，用相互讨论争论的方式谈一次海德格尔。周濂、刘畅他们上了这节课，后来都不止一次向我提到当时的情景，说起我们怎样激烈争辩，说起我们三个"熊门弟子"各有特点但一样率真的笑。那真是快乐的时光。是过去的时光总是比较快乐？还是那一天格外快乐？世上万事，朋友是最可贵的；所有行当，探求真知是最吸引人的。和朋友在一起探求真知，应该没有什么比这更快乐了。也只有在朋友之间，才有真知的探求。

我从美国回来，重回北大，这件事本来就是王炜促成的。我当时不打算在任何地方上班，计划白住着嘉曜留在北京的一套房子，靠存款利息打发饭钱，兀自读书度日。这样过了一年。其间，王炜再三向我证明我的计划不切实际，我的活法不是长远之计，还是应当回北大。回过头看，幸亏听了王炜的劝。后来，嘉曜的房子收回了，存款大半被熟人骗走了，存款利息暴跌，寓公计划不啻海市蜃楼。

可回北大时碰到麻烦。阴差阳错，我的名字已经从北大的花名册上被涂掉了。要恢复就要办很多琐碎的手续，填很多杂七杂八的表，所有这些都是王炜去跑的，我自己只是被他领着到过几个办公室，在几张纸上签个名，就重新成为北大教员了。世上的事情麻烦多多，我一向靠了朋友的帮助才勉强应付下来。此后在北大将近十年，填个什么工作量表啊，写个什么期末总结啊，都赖在王炜身上。

好在王炜能干，此许小事，似乎不足挂齿。我们现象学会第一次开会，是倪梁康张罗。与会期间，成天只见梁康东跑西颠，找他问个事情，不等你问完，他就跑开了，嘴里说着：好，我一会儿就回来。下一年由王炜张罗，成天和大家坐在一起，谈天论地，那副气定神闲的模样让梁康赞叹不已。

其实，再能干的人，只要做事情，就难免穷于应付之时。1995年，王炜开办风入松书店。他广结善缘，很多朋友支持他，他也要把这个书店办成一个为朋友们服务的机构。风入松名声远播，《纽约时报》也用整版篇幅做了报道。但赢利微薄，这是生埋怨的时候。王炜听到埋怨，只是道歉。反过来，朋友哪点做得不妥了，从听不见他埋怨。任劳任怨，说起这四个字，就会想起他温和的、高大的、微黑的样子。

信神，信佛，不如信命。就是这么个人，运道多乖。最后六七年，王炜经历的磨难比我们都多得多。我没有什么能力帮助他，但在他这些难过的日子里，我经常在他旁边。世事规章我了无所知，只会逻辑分析，他主要不是来听我拿主意，是要找个知心朋友说说这些深深的苦恼。我们这一代人，心里分了很多层，最深的喜悦和苦恼，从来不直接出口。所以非要有知心朋友不可，彼此之间，谈的是事务，谈的是世间万象，人心深浅，都在其中了。在这些事涉大利大害的商议中,我最能体察王炜本心不一般的宽厚。

在朋友中,我和王炜谈问学是比较多的。王炜后几年的课程多以技术与生态为主题。他逐渐转向生态哲学,其间也有他和我的多次交流。我们都相信,生态哲学早已不只是哲学的一个分支,它拢集了人的本性问题和人类的内在命运问题。当代发展出了巨大的技术力量,轻易可以毁灭地球,连同人类自己,这当然不是秘密。尽管世人只顾得上为GDP(国内生产总值)的迅猛增长兴高采烈,但真正的危机并不在于资源耗尽环境破坏,人类会重新变得贫困甚至毁灭。人总是要死的,人类总是要灭亡的。这不是我们能想的事情。我们能想的是人类还没有灭亡之前应当怎样生活。追问人和自然的关系,远不只是计算如何明智地利用资源,而是追问什么生活才合乎人的自然或本性。我记得,夜渐深沉,我们或滔滔不绝,或沉默不语,笼罩在关切和思想之中。

这些真诚的思想,落实在王炜的讲义中,更落实在他的为人行事功业之中。王炜像北大外国哲学所另外几位学者一样,著述不多,问学更像为己之学。笼罩着精神的学术探求,大半没有留下什么痕迹。思想花开花落,这是思想的真义。我知道,伟大的思想作品支撑起人类精神的立体世界,是它们为我们个人的精神生活敞开了空间。不过说到我们这些凡人,写了什么,出版了什么,皆不足道。2002年秋季在杭州举办的现象学会,我因人在丹麦没有参加。回国后,曾经与会的年轻学子有好几个先后向我说起王炜,赞不绝口,我记得的几个词是"通透""深厚""醇厚"。对年纪已长的我们来说,外面多少学问、多少智巧不那么要紧了,若还说得上什么问道学，还是做在心性里。通透、深厚那一类，和学术名利场的名目高低实在没什么关系。

和王炜相识在八十年代初的北大校园，后来同为熊门弟子，再后来一同参与甘阳主持下的"文化：中国与世界"事业。我们一起讨论过《存在与时间》中基本概念的中文译名，一起守在病危的熊先生榻前，一起策划、编辑、出版过多种书籍。王炜是我们燕京小组的成员，小组出书的事大半由他张罗。

2005年初，刚放寒假回到北京，大家围着热腾腾的火锅，听王炜兴致勃勃地介绍他创办一家大型书店的计划。在年轻的时候，王炜就常说起他一生的愿望是办书店。多实在的人生理想！他时不时停下来问我的看法。我自己不会做事，对为事的计划容易多疑，凡觉到难处就向他提出来。进书的价钱高了，国内人买得起吗？有朋友帮忙。朋友一开始可以帮忙，早晚是要付工资的。既为王炜又有机会做他心爱的事业感到高兴，又怕事情一做起来就夭折，更让他丧气。

初春，我们约到香山去吃晚饭，我在中央党校门口等他们。人多，两辆出租，王炜那一辆先过去了，老柴后面一辆停下来把我接上。没几分钟，前车王炜来电话说，家里有急事，他倒回来，回城里去，很遗憾，本想着有些事要和我好好聊聊。我说不打紧，咱们还不是随时能见。哪天单独备上酒，听听其中的乐处和苦恼。那天是3月14日，离他弃世不到一个月。

长歌正激烈，中心怆以摧。欲展清商曲，念子不能归！

# 服从自己还是服从真实？

法兰克福（Harry G. Frankfurt）写了本小书，*On Bullshit*（《论扯淡》），畅销；接着写了这本小书，*On Truth*（《论真理》），又畅销。蒙中译者之赐，先读到了中文本。读过之后，却难掩失望之情。

这本小书有强烈的针对性，针对"一小撮自称为'后现代主义者'的人群"，他们拒绝承认真实具有实在的意义，拒绝对真实的尊重，主张"服从自己"比服从真理更重要。法兰克福的初步驳斥很简单，这些主张与谨严有序的社会生活背道而驰，"如果没有大量可靠的真实信息，社会文明将无法健康地成长。困于错误的信念，社会也无法取得进步。为了建立和承续先进文化，我们必须避免被错误或无知拖向衰败。我们需要而且必须知道如何有效地利用大量的真实情况"。因此，社会绝不应当容忍混淆真假。

你赶火车，弄清楚火车开车的真实时间，弄清楚此时此刻的真实时间，当然是重要的。一个考大学的穷苦孩子，必须弄清楚大学学习生活的真实花销。后现代主义若拒绝承认这些，未免过于荒唐。后现代主义者的确有很多不经之论，但他们反对传统真理观，本来也很有点儿来由，看着政客们高举官方意识形态大旗，当作不移的真理，谁都难免想后现代一把。在这一点上，我与译者的看法倒接近些。译者在中译本前言里说："要是后现代主义论者对'真'的见解仅仅是针对传统意义上的真理观，其实并无大谬。"在我看来，后现代的反真理主义之不经，倒是他们在论理的层面上过于浅薄，乃至并不能真正伤到主流真理观，有时倒从反面成了主流真理观的衬托。当然也有很多胡言乱语，那是借后现代主义起哄的，不值得一评。嘻！借孔子和佛陀起哄的也不少。

法兰克福前几节的议论，实无新意。"我们从事的任何工作的成效，甚而整个人生的成败，取决于我们是受真实的导引呢，还是盲目或全凭错误的认识来行事。"诸如此类，诸如此类，倒是不错，像是在告诉我们老年妇女很难在高低杠上出成绩。让我们困惑的事情，因此真会引我们去想的事情，是些反例。自认为对地球有正确认识的葡萄牙人拒绝了哥伦布的计划，他在认识"有误"的西班牙人支持下"发现"了美洲。布鲁诺正确，被盲目的老媪投薪烧死了。盲目并错误的"出身论者"好一代天骄，清醒而正确的遇罗克却惨遭杀害。读读政治斗争史，看看身边的成功人士，难免要重新思考真、正确、精明、真诚，重新思考爱真理和"人生成败"究竟是什么关系。可惜，作者并没有在这些方面多给我们一点儿启发。

作者说到真实，主要是说正确或曰合乎事实。"真"还有多重意义，真人，真正的人生，等等，作者都未涉及。只停留在合乎事实之上，未免浅白。舍斯托夫评论说，近代以来，"真"降低而仅仅成为事实。要想依循事实概念做较为深入的思考，我认为怀特海《思想模式》的第一讲提供了一个一般的指引。当然，关于事实、真、真实、真理、真诚、本真，认真讨论起来，的确很繁难。译者前言中说到，把 truth 译为"真实"还是译为"真理"，就颇费一番踟蹰。这是每个译者都会碰到的困难。

后面几节，作者尝试议论得更深入些。他指出了 truth 和古英语中 troth（承诺）的联系，由是讨论了真实的观念与信任以及自信等观念之间的紧密关系（第六节）。作者专门用了一节（第八节），从莎士比亚的一首十四行诗论起爱情之中的谎言和信任："我猜想，从男女双方认识到彼此的谎言，并且知道对方并没受骗的事实看来，他们分享的亲密确实是深刻而欢悦的，他们之间达到的这种亲密伸展到了他们尽力遮掩的角落。而同时都明白彼此已看透，想要隐藏之处也早已显露。这种彼此占据心灵，通过谎言引致真爱，真是美妙隽永。"情爱关系中的真诚与隐蔽，是个引人入胜的话题。把什么都毫无保留地裸露出来，那不叫真诚，那叫傻瓜。真诚并非机械地把现成东西搬出来，真诚总是和相互之间的理解交织在一起的。推及友人之间、亲子之间，一幅幅光影交织的画面，剪不断理还乱。法兰克福倒是触及了这个话题，可也只是触及而已。

尽管失望，我倒也不是说这本书一无是处。后面几节还是有些内容。在讨论谎言的时候（第七节），他一方面承认，在不少场合，谎言对我们无害甚至有益，但同时指出，"即便这样，我们还是常常会觉得说谎的作为有点儿不对劲"。因为，"由于说了谎，说谎者拒绝让他人了解自己，这对于他的谎言受害者来说是一种侮辱。这将挫伤他们的自尊，因为他们无法与说谎者建立最起码的深入关系，人们理所当然地认为，这种最基本的深入意味着了解对方内心怎样，在想什么"。这话说得有点儿意思。作者由此又引出结论说："我们对于真实的关切远远超出了世俗的实际利益计较。"从这个角度引出对真的关切超出世俗利益的计较，不错。还有很多道路会把我们引向同样的结论，例如刚刚提到布鲁诺和遇罗克。

在最后一节（第九节），法兰克福提出了关心事实的"更深层的哲学意义"。工程师和医生关心事实，但他们只是在应用层面上关心真实，"未必关心真实的本质"。真实并不只是有用的，真实是现实这一观念之能成立的基础，进而也是弄清我们自己是谁的条件。"我们一旦觉察到某些东西不听命于我们的意愿，它们不依不饶甚至与我们的利益敌对，就意识到它们不属于我们，不受我们直接控制，而是独立于我们的。现实这一观念就肇始于此。……一旦更具体地了解怎样受到局限，以及限制条件的边界，我们就能界定自己的框架。我们知道能做些什么，不能做什么，以及为了成就那些我们可以做到的事情必须怎样付出努力。了解自己的力量和弱点，不仅使我们能获得更强有力的独立意志，而且使我们能够更清晰地定义自己的本质。"虽然我们在黑格尔的《精神现象学》里能读到更周详的阐论，但比起前面几节，这一节总算不是那样浮于表面了。

后现代反真理声势滔滔，不少人在惶惑中期待有个回应。我想，这也是本书所以畅销的背景。只是在我听来，这声回应声气表浅，未孚期待。

# 两位哲人的对话

## ——《观看，书写》序

法文 philosophe 和英文的 philosopher 意思差不少，把后者译为哲学家，前者大概得译为哲人、智者、有智慧者、文化高人。书中对话的两位：鲍赞巴克与索莱尔斯，一位是建筑师，一位是作家，但都是 philosophes。在法国的文化高人那里，思想不是哲学课堂上的思想，思想与艺术、文学融合无间。本书中的几篇对话，内容无所不包：毕加索、兰波、巴黎音乐城、哮喘病和呼吸、贝聿铭、数码与同一性、商业、时间、现代性、"9·11"。如译者姜丹丹所言，这场思想交流"犹如一场别具一格的交响音乐会"。感谢姜丹丹用严格而又流畅的中文，把我们领进这场高水准的对话。

这场对话若谈得上主线，那一定是建筑与现代性。我们都是现代人，各式各样的媒体告诉我们当前发生的形形色色无穷无尽的事情，每个人都拣出其中某一些组织成一幅画面。历史当然从来没有唯一的版本，不过，随着历史远去，删繁就简，渐渐露出我们大致同意的几种轮廓。当代的图画却重重叠叠，不辨南北。对话的特点，无论其为长处还是短处，它并不提供唯一的图画，而是用重重叠叠来描绘重重叠叠。两位对话者既不再反对现代性，也不再赞美现代性；像任何时代一样，当代有令人赞叹的追求和成就，也有需要警惕直至亟待克服的东西。用传统取代现代不仅是句空话，而且是句胡话。

在现代的种种特征中，图像是个突出的特征。从轴心时期开始的文字时代，逐步让位于图像时代。鲍赞巴克提到，在一次新闻发布会上，一个电影导演曾用挑衅的方式回答一个记者的提问："您属于世人还读书的旧时代"。他又诠释说："在19世纪的居所里，一切知识、消息、消遣、故事，所有今天成为戏剧性景象的一切，当时主要是通过文字、书籍和年历来传播的。现在，报纸在屏幕上，用图像呈现。而图像一向令人着迷，因为，它揭去了观看的禁忌的面纱。"

文字倾向于往"去身心智"发展，如鲍赞巴克所言，"在西方，所有的理性思想运动倾向于将肉身与精神相分离。曾经需要生产出一种词语，一种思想的材料，不再适应于身体、感觉和感知。曾经需要制造出一种知性，不包含严格意义上的个人化的、特异的、对两个人来说完全不一致的体验，即身体的体验。在过去，这是抵达实验观察与科学的条件"。当然不仅在西方。比起别的国度，在中国皇朝时代，文字主导远为突出，整个精英阶层都是由读书明理来定义的，皇帝本人也从小饱读诗书。只不过，在不依靠宗教支持来建立精神—政治一统的实际历史中，天理承担了加重的政治任务，无暇往科学的方向去发展自己的去身心智。

自尼采以后，"具身心智"的呼声一浪高过一浪，鲍赞巴克说："当我们设计建筑时，我们用身体思考"。索莱尔斯呼应说："当我们写作时，我们也一样用身体思考。"我有一本文集，题为

"从感觉开始",也许接近鲍赞巴克的想法:"从古至今,人类智力的全部进步史呈现为不断走向愈加的抽象化,并在普遍性中消解特殊与个别的进程。在我的工作中,每当我重新回到感性体验的真实,我就会进步。因为,需要学习面向感觉采取行动,并把握感觉"。

从文字向图像,从去身心智向具身心智,从精英主导向平民主导,这些趋向隐隐约约交织在一起。只提一点:教廷当年关于是否禁止偶像的争论,突出地说明了大众式理解对图像的需求。现代的这种总体趋向的后果之一,是精神生活统一场的断裂,对话渐趋稀少。当然,"统一思想"只是现代专制政党的苛求,旧时人的思想观念并不一致,我们回望时看到的"和谐"部分来自主导意识形态的以及历史本身的删繁就简。不过,人们从前共同生活在同一个地球上,不同的观念之间互相呼应。唯此,如对话所提及,墨西哥的迪奥狄华肯和埃及金字塔之间才会有一种"立即可以感受到的形态间的相似"。就此,鲍赞巴克评论说:"人类在地球及其'为什么'面前感到彻底的惊诧。地球究竟从哪里来?究竟是什么?又是谁赋予了地球上所有这些形态、这些生命?那么,我们究竟又是从何而来?这是同样的问题。在那里,这些答案是建筑的初始。建筑最初不仅仅是为了遮风挡雨,是为了人的存在。这是另一种性质的事业。一个谜回应另一个谜。"如海德格尔所言,技术的发展把人类带出了依赖于大地的生存,精神生活统一场的断裂于今至为显著。索莱尔斯说:"今天,大家都在谈'全球化',但我呢,我却认为我们进入了一个没有世界性的时代。说真的,我们可以觉察到人类好似不再居住在同一个地球上。"这里有两个层面,"全球化"是在经济活动等机制意义上说的,"没有世界性"是在精神生活层面上说的。鲍赞巴克说:"三十年来,面对占主要地位但也是转瞬即逝的金钱流通的问题,世界之中有整整的一面,即城市制造的那一面,大楼的物质建构、意义、象征维度、持久性,都被遮蔽、遗忘或超越了。我们进入了生活的另一种抽象化,经济造成的抽象化。"

两位对话者更多从艺术方面谈到此点。用鲍赞巴克的话说:"后来,艺术家逐渐体现了主观的、绝对的存在历险……他强调了个人历险的首要性,用来抵抗一切,尤其他向所有人传达这种绝对的体验。"鲍赞巴克是 architect(建筑师)。

Architecture 与 building 有别,采用尼古拉斯(Nikolaus Pevsner)的简要定义,architecture 是着眼于美的 building;在美学里,建筑列为一门艺术。不过,建筑有别于其他艺术门类,建筑师同时是工程师。"建筑师处在社会的建设性的、积极的山脊上。这在建筑文化与文学、音乐及绘画之间营造一种距离。……建筑师需要具备为他人修建的责任感。艺术家并不需要建造世界。"不过,自包豪斯与俄罗斯的建构主义以来,这种界限被逐渐打破,"每个建筑的要求、每个地点,都是独一无二的。于是,不再有建筑学说、风格或可共享的建筑原则,不再有普遍的实用解决方案"。这不禁让我想到哲学,从来,哲学家好像也"处在社会的建设性的、积极的山脊上",但尼采以来,存在主义、维特根斯坦、解构主义,似乎都不是在从事建设,不再提供"普遍的解决方案",而是在消除哲学和艺术的界限,一次次从事独一无二的冒险。建筑是个运用广泛的隐喻,我小时候听的是"社会主义建设",现在流行的是"建构和谐社会"；初读哲学时读到康德的"建筑术"，后来读到结构主义；最宏大的隐喻则是 l'architecte de l'Univers（宇宙建筑师）。从事建设的人，竟不知不觉间都吸纳了这个宏大的隐喻，忘记了自己身为凡人的基本事实，忘记了 Bildung（教化）的另一层含义：培养、培植。哲学家，以及其他种类的建设者，解构"普遍的解决方案"，并非放弃建设的责任，而是退回到众多建设者的行列，不是根据既定的蓝图，而是根据此时此地的要求建设，众多建设者的共同努力，合成培植。无论社会还是思想，我都希望，培植的理念能够更多地取代建构的理念。

鲍赞巴克的一段话概括了这里的想法，这段话是在诠释海德格尔的思想时说的。在我看来，这段话的确浸透着海德格尔的精神：

> 需要有近处的关注，有事物的汇集，但也要有运动，距离的取消。需要微小，也需要庞大。困难，也许在于距离的取消，无所不在的统一特征，感知的身体可以同时在几个地方，可以移动。比起六十年前，人的身体远不再那么扎根在近处。它更具虚拟性，但毕竟还是真实的。在当今的建筑领域，有一个观念偏差，认为不需要考虑地点，地点也不再有未来。假如地点的特性不再存在，我们也不再有具体的在场，我们也不再真实地移动。这就是在屏幕时代，无距离意识的主导。

# 哲学家与隐居生活

## ——《生活》杂志专访

**《生活》**：关于隐居，我们都会想到隐逸山林，远离尘世，但是我最近听说的一件事也许是隐居的另类：有一个法国人曾经因抢劫银行被判入狱五年，他在狱中读哲学，主要是德里达的著作，之后成为德里达的学生，这个人现在在蓬皮杜艺术中心担任文化部主任。我想，他在监狱中的五年，也算是他隐居的五年吧。

**陈嘉映**：嗯，我在想……不知道算不算，哪一点上他不太像隐居呢？我们说隐居一般都是自愿的事儿，把他在监狱里说成隐居稍微有点儿怪，虽然它跟隐居有相像的地方。

**《生活》**：隐居也有迫不得已的情况。

**陈嘉映**：这个……呵呵，你真的是第一次采访哲学家，哲学家挺烦人的，讲课的时候讲得挺顺溜的，但是想事情的时候哪儿都想不通。迫不得已有好多种类和程度。比如说，我当官没当上去隐居，这叫不叫迫不得已？在一个意义上是迫不得已，但是肯定跟你把我抓到监狱去的那种迫不得已不一样。我觉得隐居大致还是讲自己选择的，当然了，你要再深一层想，有可能会想，选择本身也是被某种东西规定的或是被某种东西要求的。在这个意义上，我们可以泛泛地说什么都是没得选择，反过来说在监狱里头呢，如果你是一个特别乐天知命的人，选择不选择对你来说无所谓，把我抛到哪儿我就到哪儿，但至少在比较常情的面儿上说，它还是不一样。

**《生活》**："把我抛到哪儿我就过到哪儿"，让我想到您在《救黑熊重要吗？》一文中说过的一句话："与命运为侣一道浮沉就好些吗？我觉得比总站在外面好些，虽然命运本身不是什么甜美的东西"。在那篇文章里，您还说："生活深处，世界不是分成你和你要选择的东西。你跟你周边的人与事融合为难解难分的命运。"

**陈嘉映**：这篇文章虽然提到了这层意思，但是没有深入，如果深入可能要讲很多。我昨天跟几个朋友和学生聊天，说到一个人去行有德的事儿，是不是因为他认为那样做合乎道德。这话听起来是有悖论在里头的，如果你说我这么做是因为它道德，那在很多场合听起来会怪怪的，甚至挺虚伪的。你为什么跳水救人呢？回答说：因为跳水救人是道德的。你听起来感觉的确是挺怪的。一般人不会这么回答，真跳水救人的人不会这么回答，大概也不是这么想的。但是另外一方面，你说都是本能的，那么我们把道德和不道德就都完全取消掉了。我的想法是那样，首先这里有视角的不同，我跳水救人不是因为它是道德的，但是在旁观者看来它的确是个道德行为，行事的人不是以道德和不道德为准，而是我们外人从这个角度去看的。这是第一条。第二条，行事的人虽然不是因为道德才去做，但是在他训练和培养自己的时候确实经过选择、经过考虑。"经过考虑"这个话也有点儿问题，因为很多时候他不是反复考虑这么做是道德还是那么做是道德，而是默会地从典范那里学习。我身边有不同的人有不同的做法，我可能效仿其中的某些人去做（事），而不效仿另外一些人去做（事），其中不一定要牵扯考虑，至少不是那种明面上的考虑。等他把自己培养成一个有德的人，他这么做是按照他是什么人去做，而不是每一次去考虑怎么做是道德的。跟咱们那个选择的话题相连的就在这儿，跳水救人，在这个行动者看来，这没得选择，这就是他的"所是"，但是在别人看起来，他是有选择的。这么说是不是相当绕？

**《生活》**：还可以吧……那么，您认为有德之人是"能够生活在自己所信仰的生活里面的人"，这样的人是幸福的。而您也认为一个人还活着的时候，真是谈不上什么幸福。活着和有德好像不那么能够兼容呢。活在自己所信仰的生活里面，几乎就是精神上的隐居者了吧？

**陈嘉映**：信仰这个词儿可能用得重了，但是在这里也没有别的好词儿。有时候人问我：你有信仰吗？我就犹豫。我说有信仰，他可能会以为我信伊斯兰教什么的。你要说我这个人就没有信仰，我也不觉得特别恰当。

幸福这个词儿也让我犹豫，意思太宽泛。幼儿童话故事里说，从此，公主与王子过上了幸福的生活。也许，人们就是这样理解幸福的。但在另一些人眼里，例如在我眼里，他们的日子可能很无聊。我们把 eudaimonia 译成幸福，但这个译法肯定不大对头。英语宜译成 well-being，汉语可以译成良好生活。良好生活的意思当然也很含混，但不至于把公主王子的生活想成良好生活的典型。

活着和有德不那么兼容，这话可能有深意在。刚才说到，有德不是凡做事就先考虑道德标准，而是自然而然做就是德行，随心所欲而不逾矩。除了圣人，谁做得到？对逝者可以这么说，倒不是迁就逝者，因为他曾努力，现在他不能努力了，我们也不能再有此要求了。

精神上的隐居者？精神生活并不只是一个人深藏在内心里的生活，但也不可能完全暴露在世面上。精神生活的确总有它隐居的一面。不一定像安东尼那样隐遁到埃及荒漠里去静修，但精神生活总有安东尼那一面。

《生活》：很多哲学家都是隐居者，或者曾经离群索居，比如海德格尔。据说，他在托特瑙山隐居地只用了三个月时间，就完成了《存在与时间》。

陈嘉映：哲学家有不少是隐居者，著名的像赫拉克利特，斯宾诺莎，还有庄子吧。我再举个例子。维特根斯坦在剑桥从罗素读书。罗素当时刚刚完成他的数学原理的研究，这种研究需要大量智力活动，需要技术性思考，这些比较适合年轻人去做。完成这项研究以后，罗素自己挺愿意从事政治活动、社会活动什么的，对现实社会发表点儿看法，对婚姻与爱情发表点儿看法，所以他有了维特根斯坦这个学生后很高兴。罗素相信维特根斯坦在逻辑研究方面有天才，可以继承自己的衣钵，去做那些苦活儿累活儿，他自己则可以去做那些比较有影响的活儿。1913年秋天，维特根斯坦离开剑桥，在挪威的斯克约顿附近，自己建造了一座小屋，专注于逻辑哲学研究。那是典型的隐居。

《生活》：的确，自己建造屋子。

陈嘉映：在一个悬崖边上。

《生活》：在那儿，维特根斯坦研究逻辑问题。据罗素说，在挪威离群索居的时期，维特根斯坦"已近乎疯狂"。

**陈嘉映**：维特根斯坦有四个哥哥，三个在年轻时自杀，可能跟他们家族的基因有关系，也可能跟他父亲有关系。他父亲年轻的时候特别反叛，不听他爷爷的话，一个人漂洋过海去美国，后来做生意，一代之间做成了很大的生意，当时人开玩笑说，维特根斯坦家庭账户的变动影响欧洲股票市场。

**《生活》**：说明富二代适合做哲学家，他们可以不用去想一般的事情。

**陈嘉映**：是这样。从事哲学，我是倾向于家境好一点儿的比较合适。当然了，哲学也有不同风格，比如墨子，更多从社会底层的眼光来看待世界。就现在的社会情况来说，我觉得学哲学、艺术、音乐这些没用的东西，或者成功不成功完全在未定之天的事，适合家境好一点儿的人做。

**《生活》**：哲学家隐居在西方的例子很多，尼采曾经说：在希腊最早的一批哲学家都是帝王气派的精神隐士。古罗马哲学家塞涅卡说：自由人以茅屋为居室，奴隶才在大理石和黄金下栖身。苏格拉底说：一无所需的人最像神。隐居的人虽然并不是一无所需，但是他们似乎仅仅有思考的生活和智力活动就足够了，是这样吗？还是沉浸于思想的人确实进入了一种近似于一无所需的境地？

**陈嘉映**：我们回过头再来说哲学家隐居这回事，你说到这一无所需，我倒也有话说。关于"需要"，我个人体会最主要的还不是减少我的需求，我有时候喜欢这么说，人最大的需求是被需求。我跟一些老人相处时体会特深。有的人一生对生活的要求很少，一直在给予人，但是到老了，他不再能给予人，那种难过……按说,感情是二三十岁的人的事儿,但是后来我发现好像人总有感情问题,只不过随着年龄变化,感情问题也有变化。对于有些人来说,一旦不被需求,那种空虚,那种虚无,可能比失恋还惨得多。所以,我觉得最大问题和最难之处还不在"我不需求什么",我认识的人里面有很多人不是很需求什么,不需求好吃好喝,这个那个……但是能做到不被人需求还真是有点儿难。

**《生活》**:做到不动心就可以了吗?

**陈嘉映**:不动心,大家还是指对于财富什么的不动心,这还算相对容易,要做到对不被需求不动心,难度和深度都要大一点儿。所谓隐居,主要是安于不被人需求吧。

**《生活》**:可以说隐居者是很自足的人吗?

**陈嘉映**:对,我觉得自足应该大概这么定义吧。当然了,隐居者的不被需求又跟我刚才讲的那种老年人的不被需求不一样。就是说,有被需求的能力而不需求被需求,跟人们事实上不需求你有很大区别。我听年轻人说他失恋的痛苦,我说那不算怎么苦,他失恋了,但他还是具有爱和被爱的能力,这时候还不算最苦,像我们这种失去了爱和被爱能力的人,比较苦。

**《生活》**:我看到笛卡尔的一个座右铭,有三种译法:一、隐居得越深,生活得越好;二、谁在隐居中生活,谁就过得最好;三、谁会隐居,谁就好活。您喜欢哪一句?

**陈嘉映**:最后一种我不是太喜欢,我喜欢第一句。"谁就好活","好活"听着不怎么舒服。

**《生活》**:隐居得越深,生活得越好,这个"深"怎么理解呢?是隐居在深山的深呢?还是心藏得更深?

**陈嘉映：**对啊，还是"心远地自偏"呢？可能大隐隐金门呢。我最近读《新世纪》，看到野夫的一篇文章，他写他一个朋友，真隐士吧，既然你谈这个话题……忘了是不是用这个词儿，但大致意思就是真隐士。他说，一般的隐士他不怎么看得上眼，一般的隐士是以隐来显，他这个朋友，隐就是他的"是"，他就是隐士，他没想隐不隐这件事儿。野夫的这位朋友是七十年代末八十年代初上大学的，特别特立独行，比如说吧，他屋里到处乱七八糟，特脏。他交了个女朋友，女朋友是正常人，挺奇怪的，那个年代好男人挺边缘挺古怪的，但是他们找的女朋友呢，是些正经的好女孩儿。

**《生活》：**是不是像王朔小说里写的女孩儿那样？

**陈嘉映：**呵，有点儿，当时这是个 pattern，女孩儿常常是团总支书记啊什么的。野夫所写的这个朋友的女朋友也有点儿那样的，女孩儿到了他的宿舍里看到被单脏得不得了，就要洗，把被单拿下来，发现下面还有条被单，一样脏或者更脏，然后再拿，好像一共四层。这人就是脏得不得已了，再铺一条新被单在上面。这女孩儿都洗了，也还是要这个人。这个人也喝酒，成天醉醺醺的，和几个朋友一起在学校做老师，骂教科书。八十年代初那阵子的教科书好像都是《白杨礼赞》啊《漓江》什么的抒情文章，这人就骂一通，课堂上讲的是朋友们的诗和文章。学校里不喜欢这样的老师，可结果学生一高考都考高分，学校也就把这人留下了。后来这群人都从学校出来了，调到什么局什么处之类的地方，再过些年，这些人当上局长、名作家了。野夫这个朋友还在原地当小职员，但是仍然写得一手好诗，仍然是心怀天下，读书不辍,上班也好好上,下班骑着自行车就出去玩,看山看水,山水都变了就感叹:哎呀,看不到好好的山了,要跑更远的地方去看了……

《生活》:很平静的一个人,一点儿都不愤(愤世嫉俗)。

陈嘉映:是的,很平静,不是愤世嫉俗。文章近结尾处,野夫引用了这位朋友的一阕词,词牌好像是"贺新郎",(采访者注,查此词为:别后相思久。点支烟,挑灯枯坐,吃杯烧酒。江上飞寒风且大,未晓冬衣可有。怕只怕,杜郎穷瘦。一别经年何日见,偶回来欲语兄寻走。思往事,空垂首。外头过活兄安否?待书来,看它几遍,莫教离手。自是危楼休独倚,怕说吹箫屠狗。但记取,死生师友。留得故园三分地,俟功名料理归田后。我与汝,再相守。)

我对古诗词还是有一点儿判断力的,我觉得他写得非常好。

《生活》:有没有人说:我隐居在家庭里?

陈嘉映:在以前也许可能吧。我昨天上课讲古希腊,古希腊男人过的是一种公共生活,或者社会生活,成天在竞技场上、在广场、市场上,即使回家,跟妻子也没什么交流。他带朋友回到家里,妻子仆婢把食物准备好了,但妻子不上席,不出现。男人们入座宴饮,继续谈论公共事务,谈论哲学问题。中国古代也相似。家跟一个人的精神生活没多大关系,尤其生活好一点儿的家庭。

《生活》:也就是说,家不会打断人的社会生活和精神生活。

陈嘉映:对,但像我们不行。市民社会以后,家庭、夫妻、孩子,成为精神生活、感情生活的很大一部分。我自己更不行了,我每天还要带孩子,还要做饭啊。

**《生活》**：您这么贤惠吗？

**陈嘉映**：当然了。我菜做得不错。从美国回来之后尽量自己少做饭，但孩子得带啊。

**《生活》**：也许带孩子这件事本身就是一件哲学活动吧，因为在这个过程中，你会发现人类学习语言和看待世界想法的变化。

**陈嘉映**：这要看你怎么说了，你若把这话跟柏拉图和苏格拉底说，他们一定会觉得很不理解。这个就是我们现代人跟他们不一样了。在当时说到有德的人，跟你会带孩子等等都没什么关系。但你要跟周国平说，他可能会觉得那是最重要的哲学。汀阳也说过类似的话，大意好像是，以前的哲学不关心最重要的事儿，比如女人和孩子诸如此类的。虽然汀阳跟国平的角度不一定一样，但是我们脑子里还是充满了挺现代的想法。

**《生活》**：您昨天上课也提到，爱妻子等等想法是近代市民阶级兴起以后才特别强调的。

**陈嘉映**：对，所以我们不要把这些当作天经地义，但是我也不是说我反对这些。我们无法绕过这些近代的思想感情，轻易打发掉这些，自己去做个古人，张祥龙做得到，我们做不到。

**《生活》**：听说你在山里也有房子。您会时不时去山里的房子待一段时间吗？

**陈嘉映**：不常去，一年去两三次吧。我老觉得我是一个比较喜欢独处的人，然而，独处的时候很少，老婆、孩子、工作，难得独处。结果，我也不知道喜欢独处是真的假的，因为我们有时候也说，一个人不看他想干什么，要看他干的是什么。至少成年以后是应该这么说。

的确，人的自我感觉、自我认识多半是自我欺骗。有人说，我们通过反思是来自我欺骗，而不是通过反思来自我认识。我有一个学生最近频繁地跟我通信，有时一天给我寄两三封深刻反思的信，信写到后面，他自己说：恐怕我又在自我欺骗了。不过，我还是想说，我有点儿喜欢独处，因为回忆起我实际独处的那些时光，都是美好得不得了，但这有可能是因为独处的时间太少了。

《生活》：是指您在内蒙古插队的时候吗？

**陈嘉映**：包括插队的时候。特别是插队插到最后，所有人都走了，青年点只剩下我一个人。别的同学，当兵的，考工农兵学员的，招工的，或者回北京的，一个个都走了。我当然很喜欢这些朋友，但是最后只剩我一个人的时候的确非常美好。我那时和当地各级头面人物关系处得非常好，所以衣食无忧，他们会给你送当时最好的米啊面啊酒啊。我当时教书，教初中孩子数理化，教书也不累，大多数时间做自己的事，读书。夜里就一个人走出村去，在山上躺着看星星，看月亮，看云。

《生活》：在您的回忆文章里，提到那时候还有邻近的几个朋友晚上一起下面条吃，有人会拉小提琴。

**陈嘉映**：对，我当时有一个很好的朋友，于洋，我在大队，他在公社，他偶然会到我这儿来玩。他是个很有才能的人，多方面的才能，包括会拉小提琴。

《生活》：他会拉 Sweet Home（《甜蜜的家庭》），是吗？

**陈嘉映**：对，我当时也在学小提琴，但我比较笨，他会来教我，看看我进步没有。然后我们谈我们读的书、生活、理想，将来要干什么。然后拉琴唱歌，两个人，我们当时唱苏联歌多一点儿。当时大家唱的歌都差不多，有一本《外国民歌二百首》，还有续编，这样有几百首也就够了。

**《生活》**：很浪漫。

**陈嘉映**：我可能不会用"浪漫"这个词，但是我完全可以把它理解为浪漫。

**《生活》**：你会用什么词呢？

**陈嘉映**：我不知道。

**《生活》**：幸福？

**陈嘉映**：还是不怎么切中肯綮。可以说，也单纯也丰富，或者……我不知道能不能用一两个词说清楚，阿城可能行吧。但是我会倾向于说，它是那么different（不同），非常不一样，如果讲的话，如果咱俩是朋友——比如我的学生肖海鸥，她这两天很想听听老一代的故事——我会倾向于把这个故事讲得很长很长，那时候我们的生活状态、精神状态是那么不同，无论用浪漫还是别的什么词，可能完全把那个画面总结错了。比如我跟年轻人聊过，当时我们读书，读书好像是一种信仰，跟现在人们读书不一样，当然也是为了求知或为了诸如此类。但读书怎么会是一种信仰？这就涉及挺多挺多的背景。如果我要讲那个时候，我可能不用一个词来概括，我就讲那些事儿，整个生活是什么样子。

**《生活》**：隐逸这个词和隐居、隐退不太一样。

**陈嘉映**：我觉得隐逸和隐退都是很典型的中国词。放在中国文化背景中，大致勾勒一下，本来，士、读书人，是要做事的，不论从孔子的角度还是墨子的角度去做事，甚至像老子那样讲无为其实还是无不为。在春秋的时候买家多，所以读书人主要是卖给谁的问题，后来大一统之后，就变成了"出处"问题，古人用"出处"来谈显隐，"出"就是出来做官，"处"就是隐居了，像处子那样。原因是只有一个买家了。但是中国的读书人还有一条线，是一条辅助线，就是：道是在读书人身上，所以总是有道统和治统两方面。治统在皇族的血统那里，但道统是在读书人身上。出来做官不只是做官，是张扬道统。此外，还有一种"道"，持这个道的，从先秦开始，一直就不多，即使有也都湮没了。唯有庄子，他是中国历史上第一个不管"治"的读书人，他的道跟朱熹讲的道统不一样，庄子的道是不管你治不治，他那个道还在。心持道统的人，或者有庄子那种道的读书人，都能够做到完全的安贫乐道——出来做事是要依赖有权有势的人，但读书人自己一旦想要变成有权有势的人就完蛋了。有道则显，无道则隐：我就是这样生活，我就是那么想，我也不是说我拒绝做官或者什么，但我不求这个，这个该由你们去考虑……有点儿像维特根斯坦说的，写一本好书是我的责任，出一本好书是你们的责任。

**《生活》**：中国古代诗歌中常会赞颂渔樵之隐，并非文士之隐。渔樵像一个旁观者。

**陈嘉映：**当然，是这么说。我刚才提起野夫写的故事，其实有矛盾在里面，就是如果真完全隐了，真隐的人我们不知道他隐，他既然隐了你怎么知道呢？所以隐士弄不好就有点儿虚矫。这些渔樵说法在诗歌里更多一些，若考诸历史就很难讲了，因为你很难考。平常所谓隐，其实就是致仕，当了大官退下来，地也买好，园子也建起来了，像袁枚那样隐居，有自己的庄园，闻名遐迩。所谓退思，从哪儿退下来，准备退到哪儿去，大家都很知道。所以隐士这个事儿，按照比较极端的像野夫那样较真的人来说，他会比较犹豫的。用你的话说，这里面高雅的东西多了点儿——你说我们谈风雅，把风雅和隐居连起来，可能野夫谈到隐的时候，首先就会抵触雅，所以他一上来就讲这个真隐士的脏。他这么写，不一定明确像我这么想，但是作家自有直接的感觉——不然，他为什么写那些让人不那么愉快的东西呢？他说的是：真隐不雅。当然我不是反对雅，但是很容易被人弄成浪漫啊风雅啊这些东西，浪漫多了，风雅多了，成了一种……与其说他是隐士，还不如说他是小资呢。

**《生活》**：刘向在《列女传·陶答子妻》中有对于"豹隐"的说法："妾闻南山有玄豹，雾雨七日而不食者，何也？欲以泽其毛而成文章也，故藏而远害。"

**陈嘉映**：我觉得"豹隐"这些关于隐的各种说法，都跟咱们刚才讲的有一点儿关系。其实无论你把它定在什么地方，一定下来就有点儿做作，最不做作就是我干脆不隐，汲汲名利。老子说"无为而无不为"，那你到底是为了还是不为？若你说无为而无为，这又显得没意思了，但你说无为而无不为，无为又好像成了手段似的。你说隐呢？真隐就真隐了，谁都不知道，我隐了是以隐显，终南捷径，成了虚假的东西。"豹变""豹隐"这些说法，我觉得都是从某种角度回应一定之规的说法。你恐怕不太能够定出一种方式，说：这才是真隐。这样假的东西就来了。我们可能就是要回到各种各样的历史处境和个人境遇、个人取向来谈隐显这个事儿，或者别的事儿，我可能用的是比较麻烦的办法吧。

**《生活》**：您说到历史处境和个人境遇，我又想到海德格尔的隐居。他在 1930 年和 1933 年谢绝了柏林邀请他以教授资格开设讲座，并发表《我为什么待在乡村》一文表明心迹：黑森林的美景深深吸引着他，他不能也无意离开它。对此有两种看法，有人认为这总是萦绕着他的乡愁，是他思想不可缺少的源泉，有人认为海德格尔的退隐是明智之举，因为"二战"中他和纳粹的关系。

**陈嘉映：**我虽然是海德格尔的再传弟子，但是要把海德格尔这个人想清楚，我是远远做不到的。如果你现在要逼我说的话，我可能会说，从个人生活的本真性来说，我觉得维特根斯坦可能要比海德格尔更本真一些。但是，海德格尔的个人处境我也能理解一点儿，最浅的一层是明显的，就是现在这种大学体制——当然我们的大学体制比他们的大学体制又坏多了，但是二三十年代西方的大学体制对海德格尔这些人来说已经到了很难容忍的地步，但另一方面，社会似乎就是这样，要么你就彻底隐了，否则的话你就很难不寄生在上面。我刚才说具体处境的时候也不是那么宽泛的……我的意思是说，这里面都会有一些不那么能自圆其说的，或者作为个人来说，有点儿进退两难的处境，不是那么安然的，那么泰然处之的。现代人很难找到亚里士多德所说的一个"自然位置"，这个自然位置已经没有了。对海德格尔个人来说，我觉得在德国传统中有一种……读书人在各个社会中所处的位置是不太一样的，至少我们可以说在英国、德国、法国、美国是比较有明显区别的。我觉得在德国传统中，"帝王师"的思想要多一点儿，在中国可能要更明显一点儿，你不做帝王师，读书就没着落了。我觉得海德格尔有那种"帝王师"的思想，但是我个人对这一点是非常反对的，不但作为现代人反对，而且可以上推到柏拉图和孔子。这事儿不是那么一个事儿，我的想法，简单地说，道统是道统，治统是治统，而且治统永远不可能是以实现道统为目标的。所以虽然我不反对给达官贵人讲讲课，但是第一不能迁就他们，你要做好准备，他们不会去实现道统。不但如此，进一步说，如果他真去实现什么道统，那肯定是一场灾难。在这个意义上，我想说，道统是完全独立的。我是不是破坏了你要谈的论题？

**《生活》**：也没有吧，只是我的计划一开始是想谈风雅和隐居，但是您不喜欢"风雅"这个词。

**陈嘉映**：我不喜欢"风雅"这个词？还是先说高雅吧，说高级吧。我觉得不管是哲学还是艺术，它都有向高级发展的趋势，这个趋向在一定意义上对思想和艺术有正面作用。一开始呢，我们就是好唱就唱，好想就想，我们没想到登庙堂之高，在某种意义上这是最真的东西，但是一种活动比较成形了，慢慢形成了一个传统，它就有一种攀高枝的倾向，它要往上发展。像京剧，一开始就是河南人给老百姓唱唱，像社戏啊什么的，一开始它很土，也有生命力。后来，可能有比较高级一点儿文化的人看到了它有生命力，或者看到一种新型的美，他就把他们调来唱堂会，服装就要更鲜艳一点儿，发式就要更规矩一点儿，唱腔各方面都讲究，它就会逐渐变为一种更高雅的艺术——当然还没到风雅。慢慢这个传统就上来了，被皇帝调到宫里唱，成为上得了庙堂的艺术品种。大多数艺术和思想是这样的，比如黑格尔被弄到柏林，称为"国家哲学家"什么的。在这个过程中，某些东西提升了，某些东西失去了，总是这样的。所以我不反对那种高雅，但我个人属于……天下好多人做好多事，我个人始终不属于高雅的那种。我是在中间的，比起农民稍微不土一点儿，比庙堂哲学家要不高雅一点儿。我比较喜欢待在这儿，待在这儿是我个人的偏好，但是咱们讲点儿道理和客观，我说往高雅那儿走，吸引力太强大了，把太多的人吸引过去了，我觉得得留几个人在这儿，中间，挺好的——我把偏好变成了客观道理了吧？

**《生活》**：这儿，是你的自然位置吗？

**陈嘉映**：可以说在这儿是我的自然位置，比较符合我本心的位置。我们这一代人可能都不够风雅，九十年代的时候，我们喜欢讲"最后的贵族"，还有同名电影，小报上也喜欢用"贵族"这样的字眼儿。当然中国完全没有贵族，包括《往事并不如烟》里写的生活，比我们平民百姓稍微讲究一点儿，离贵族还差得远。我们这一代人没多少高雅的东西，风雅就更谈不上，我们实在是没有被抛入这样一种历史处境，从小都是跟猪啊鸡啊这些东西一起长大的。我们长大以后，倒是有些人成名致富了，过上了带一点儿高雅的、往那个方向去的生活，茶道啊，字画古董啊，出国的人喝红酒啊，有点儿风雅了。但也不能大家都去风雅，都去风雅，就空了，你得每个阶段都留几个人。说艺术风雅，也要分两方面说，莫扎特、贝多芬不是风雅之士，听莫扎特和贝多芬的是风雅之士。

**《生活》**：您说从小跟猪啊鸡啊生活在一起，是想强调您的生命力吗？

**陈嘉映**：呵呵，不说强调，但的确跟生命力有关系。风雅偏于形式的东西，相对来讲生命力弱。艺术史、文学史上有个老套的说法，风雅多了，艺术家会从不那么风雅的东西重新开始，否则艺术就变得纤弱苍白。我们这样说到李白，还有白居易——虽然他们在这方面不是完全一样，白居易以俚语入诗，井台上打水的人都在那儿吟诵。后来词兴起来了，词本来一开始也不是文人做的，一开始是歌姬倡优唱的，后来文人加入，变雅了。又有了元曲……毕加索到了非洲，看到非洲的东西来劲，于是吸收了。我不想把这个过程程式化。不过大致可以说，风雅在某种意义上是目标，而不是原动力。它是引导。我们人的生活跟物理活动和生物的生活不同，我们人的生活和艺术的生活是有引导的。有了达尔文，我们知道，生物的生活没有引导，完全是推动的。风雅是一种引导，但另一方面，别忘了我们仍然主要不是被引导的，我们主要是被推动的。

# 信仰是与生活方式联系在一起的

## ——凤凰网专访

### 生活方式的变化让传统信仰变化

**凤凰网**：人们应该需要一种信仰活着，有说法称现在中国信仰失落，您认为这种情况的原因是什么？中国人的信仰会发生怎样的转变？

**陈嘉映**：先说狭义上的宗教信仰。人总需要有精神上的寄托，寄托可以是多种多样的，有人寄托于音乐，有人寄托于诗歌。不过，信仰还不单是个人的精神寄托，信仰是很多人相信的共同的东西。宗教是典型，它是既有的、已经存在的、有一个信众团体的。

中国人在这一点上是比较独特的，其他的国家民族都有一个主要的宗教，但中国没有。广义上来说，中国人的信仰是和中国的文化、中国人的生活方式相联系的，我们传统上说信儒家。中国近百年来的变化大家都很清楚，从鸦片战争后，中国最近一百多年历史上几个坎，受到西方来的冲击，传统的生活方式瓦解了，继而传统信仰也瓦解了。

**凤凰网**：您在国外很长时间，那么从全球视野，您如何看中国当今的信仰危机？也请您从个人于东西方之间的游历，来谈一下对于"信仰"两个字的察与悟。

**陈嘉映：** 西方人的生活方式也在不断地变化，他们也在感慨信仰失落，只是程度上他们不如我们厉害。再比如日本，相对而言他们现代化发展不那么被动，相应的，文化和信仰的改变比较缓和。变化缓和，于是人们就有时间去对信仰进行重塑或修正。与西方或我们的邻国相比，我们的信仰失落就显得格外触目。变总是要变的，但变得比较缓和，变化就比较积极；变得太剧烈，就造成危害。中国可能是后一种。

**凤凰网：** 但是否正是这种"程朱理学"式的传统文明，使得现在转变非常困难？你说的"剧烈"是否是说文化和信仰跟不上经济和生活方式的变化？

**陈嘉映：** 你说的算一部分。确实非常困难，但西方也未见得容易。不过，现代文明是从西方输入的，与中国的固有文明异质程度高；而且，中国本来有的传统文明非常扎实，与现代文明的冲突就更剧烈。最后，我们经历的几种变化，从西化的现代化尝试到共产主义意识形态，再转到现在的观念，几种观念体系的差异都很大，因此变化格外剧烈，相比其他的民族，我们现在的信仰状况更加支离破碎。

**凤凰网：** 最近几年，中国内地的城市化进程非常迅猛，大量的"农二代"进城。他们不熟悉土地，但也不被城里人接受为"城里人"，他们在城市里经历着信仰迷失的煎熬。您认为他们应该信仰什么呢？

**陈嘉映：** 农民工进城引发的信仰问题，其实就是生活方式的变化引起的。以前的农村虽然也经历过各种各样的破坏，但是几千年一直保持着比较稳定的生活方式，大家都知道自己该做什么。农民工进城脱离了这种生活方式，很容易感到茫然若失。这种问题很广泛：当生活形式变化之后，应该如何面对。

认为人们应该信仰什么，这话很难说。有人说引进基督教、信佛教，重振儒教，我认为这些都不太现实。在当代社会比较现实的是给予信仰上的宽容、尊重，这比引导更重要。有了这种宽容之后，大家能比较容易找到适合自己的信仰，找到一个共同信仰的群体。这个群体里的人之间没有利害关系，他们聚在一起不为任何功利，就是生活上的慰藉和灵魂上的调养。

## 知识与权力，不能成为信仰的负面典范

**凤凰网：** 知识分子越来越多地成为"无神论者"。虽然说信仰并非一定是宗教，但这是否在一定程度上也反映了一个现状：中国缺乏信仰的引领者？

**陈嘉映：** 第一，相比其他的社会群体来说，知识分子无论在哪里，"无神论"的比例都更高；第二，知识分子本身也并不是信仰的引领者。耶稣或者穆罕默德，都不是知识分子。中国古代的读书人虽然不是信仰的引导者，但他们倒是应当成为儒家道德的典范。今天的知识分子不是过去的读书人，过去的读书人，读书是要做官的，读书人就是官员或者将要走上仕途成为官员，所以要求他们起道德典范作用，虽然实际上他们多半做不到。现代社会的结构基本上已不再要求任何阶层起到道德典范作用。比如克

林顿，比如意大利总理贝卢斯科尼，他们也许政绩赫然，但丑闻缠身。对我们的官员，不指望他们起到道德典范作用，他们不要起到负面的典范作用就很好了。这话也可以对今天的知识分子说。当然，还是官员更重要，他们占有社会上最多的资源，我们应当关注官员的道德品质，因为不公正带来的危害比任何单个因素带来的影响都要重。

**凤凰网：** 提到官员的这种权力，今年发生了几件事。比如"李刚门"，以及"宜黄自焚案"。这都是权力信仰的一种扭曲，他们将权力看得过于强大。您如何看？

**陈嘉映：** 与信仰、精神生活相对的，财富、权力、色情，这些是最世俗的东西。这些东西从来就在那儿，只不过，今天信仰和精神衰落，这些世俗的东西"赤裸裸"地发挥力量。而在过去，信仰和精神传统会起到缓冲作用。今天，不是我们把权力看得太重，而是在我们的生活中权力本身的比重就太大。中国一直是官本位的国家，但是传统社会中，我们还有一些防护的缓冲的东西，官员都是双重身份，他一方面手握权力，并且是既得利益者，另一方面他也是读书人，他们会在意"史书会如何写"。而这些防护层如今都剥落了。

但我们也可以看到温暖的事情。比如上海"11·15"大火后，十万人自发送去的鲜花。无论是救助一个得病的孩子，还是汶川地震时全国的反应，社会中美好、善良的感情和正义的行为还是到处可见。我们担心的是，这样的事情得不到鼓励、宣扬。

**凤凰网：** 在我身边，挣得少的人抱怨物价飞涨、身价直跌，挣得多的人抱怨私有财产无保障、投资无门，仿佛所有的人都对生活不满意。您如何评价现在的信仰经济化（市场化），或是信仰的政治化？

**陈嘉映：**现代人的实际生活本身是完全无法避免的，在社会生活面前唱什么道德高调都毫无意义。我们所能做的是寻找一种方式，能够在现代经济条件、社会条件下，依然能够保持心灵生活。比如说，我们现在享有更多的社会自由，它给了你过一种更积极进取、更健康的生活的条件，但它也会带来更多的危险，因为有更多的事情让个人自己去做决定了。你需要懂得怎样负责，才能运用好这种自由。很难比较现代人和前人谁更道德，你只能按照现在的社会条件来衡量现在的道德。市场化本身并不是道德沦丧衰落的原因。

信仰的政治化？统治阶级一向都利用信仰，同时也影响人民的信仰。比如过去道教、佛教，北宗或者南宗的兴衰，很大程度上取决于当朝皇帝所信的是什么。虽然政权会对信仰产生影响，但今天这种影响已经弱了许多，因为我们有更多的信息渠道。单凭灌输很难奏效，但有时可以鼓动已经在那里的社会感情，例如民族主义。这是一把双刃剑，这类鼓动也会招来意想不到的后果。

## 诚信的友情让你不再孤单

**凤凰网：**请您谈谈您自己的信仰吧。

**陈嘉映：**我从我所了解的各种文化中汲取养料，是在各种文明的教化中长大的。我从我的长辈，特别是一些兄长身上学到了很多。或许是凑巧，我年轻的时候，一直生活在非常优秀的人旁边，他们对事情的判断和做法一直对我起着典范作用，他们的感召和影响培育了我。在诸多德性中，关键的是个老词——"诚信"，诚信让你和那些你愿意从他们那里获得尊重的人联系起来，诚信也让你和更深远的传统融合在一起，你不再是孤单单的一个人。

在中国人生活的各种因素中，"友情"是非常重的一环。有好多事情需要依赖它。在身边一定能够发现比自己更优秀的人，所谓"三人行，必有我师"。我们要通过更多的善意和努力去和他们在一起，让自己"配得上"做更优秀的人的朋友，在友情的呵护和培养下获得更多的生活意义。

**图书在版编目（CIP）数据**

价值的理由 / 陈嘉映著. -- 上海：上海文艺出版社，2021（2025.3重印）
（陈嘉映著作集）
ISBN 978-7-5321-7261-0
Ⅰ.①价… Ⅱ.①陈… Ⅲ.①随笔－作品集－中国－当代 Ⅳ.①I267.1
中国版本图书馆CIP数据核字(2020)第026450号

发 行 人：毕　胜
责任编辑：肖海鸥
封面设计：周安迪
内文制作：常　亭

书　　　名：价值的理由
作　　　者：陈嘉映
出　　　版：上海世纪出版集团　　上海文艺出版社
地　　　址：上海市闵行区号景路159弄A座2楼 201101
发　　　行：上海文艺出版社发行中心
　　　　　　上海市闵行区号景路159弄A座2楼206室 201101 www.ewen.co
印　　　刷：苏州市越洋印刷有限公司
开　　　本：890×1240 1/32
印　　　张：7
插　　　页：2
字　　　数：147,000
印　　　次：2021年2月第1版 2025年3月第5次印刷
Ｉ Ｓ Ｂ Ｎ：978-7-5321-7261-0/B.0062
定　　　价：48.00元
告　读　者：如发现本书有质量问题请与印刷厂质量科联系　T: 0512-68180628